2018年度山东省社科基金一般项目"发展绿色金融支持全省新旧动能转换路径问题研究"（18CCZJ06）

2018年度青岛市社科基金项目"供给侧改革背景下青岛市海陆产业耦合机理与一体化测度研究"（QDSKL1801074）

本书受青岛大学学术专著出版基金资助

# 民营医药企业内部
# 协同创新机制研究

—— 刘阳　著 ——

中国社会科学出版社

图书在版编目（CIP）数据

民营医药企业内部协同创新机制研究／刘阳著．—北京：中国社会科学出版社，2021.9

ISBN 978 - 7 - 5203 - 9089 - 7

Ⅰ.①民… Ⅱ.①刘… Ⅲ.①民营企业—制药工业—工业企业管理—研究 Ⅳ.①F407.7

中国版本图书馆 CIP 数据核字（2021）第 184151 号

出 版 人 赵剑英
责任编辑 刘 艳
责任校对 陈 晨
责任印制 戴 宽

出　　版　中国社会科学出版社
社　　址　北京鼓楼西大街甲 158 号
邮　　编　100720
网　　址　http://www.csspw.cn
发 行 部　010 - 84083685
门 市 部　010 - 84029450
经　　销　新华书店及其他书店

印刷装订　三河弘翰印务有限公司
版　　次　2021 年 9 月第 1 版
印　　次　2021 年 9 月第 1 次印刷

开　　本　880×1230　1/32
印　　张　6.375
字　　数　149 千字
定　　价　45.00 元

# 目　　录

# 第一章　绪论

## 第一节　研究背景与意义

### 一　研究背景

医药产品既是一种传统产品也是一种现代产品。现代药物的构成具有前所未有的多样性，医药产品研发和生产涉及过程复杂，生产工艺具有超过以往的复杂性。医药行业是一个高投入高风险的产业，也是一个多种科学、多种技术手段相互融合的产业。因此，创新成为医药行业新时代的突出特点。医药行业关乎国计民生，无论是战争年代还是和平年代，它在国家的经济结构中都占有重要的地位。在国内，医药产业依然是一个十分重要的经济组成部分，在国民经济结构里面处于举足轻重的地位，对于社会主义市场经济的发展起到关键作用，还可以提高人民的生活质量，维持社会的长治久安，保障社会持续健康的发展。

2013年我国医药企业中规模以上企业实现的主营业务收入已突破两万亿元大关，达到21681.6亿元，同比增长18%，增长速度首次跌至20%以下。但从细分行业看，主营业务收入下跌的主要集中在医疗器械、化学原料药及制剂行业，而中成药、卫生医药类用品及制药装备等行业的增速还是高于行业平均水平。2002 年之前,我国医药行业的企业数量为 6000 多家,经过一系列兼并重组后为 3567 家,其中国营企业、集体企业、民营企业、三资企业分别为 929 家、509 家、691 家、1438 家。

我国民营医药企业的发展迅猛,但呈现日渐两极分化的趋势。一部分已经发展起来的民营医药企业正在借助资本市场的力量,逐步走上企业发展的快速通道,企业规模、销售收入已经与大型国有医药企业或外商投资企业没有分别,有的民营医药企业甚至已经超过大型国有医药企业或外商投资企业。2015 年胡润财富排行榜民营企业 500 强榜单显示,入榜医药制造类企业共有12 家,如吉林的修正制药、四川的科伦实业和科创控股以及山东的威高集团,如表 1 – 1 所示。

表 1 – 1 2015 年医药制造业中国民营企业 500 强公司

| 500 强排名 | 企业名称 | 省区市 | 所属行业 | 营业收入总额(万元) |
|---|---|---|---|---|
| 50 | 修正药业集团 | 吉林省 | 医药制造业 | 5070116 |
| 64 | 科创控股集团有限公司 | 四川省 | 医药制造业 | 4621089 |
| 99 | 四川科伦实业集团有限公司 | 四川省 | 医药制造业 | 3680434 |
| 179 | 威高集团有限公司 | 山东省 | 医药制造业 | 2404400 |
| 193 | 天士力控股集团有限公司 | 天津市 | 医药制造业 | 2250317 |
| 197 | 深圳海王集团股份有限公司 | 广东省 | 医药制造业 | 2204209 |
| 230 | 华东医药股份有限公司 | 浙江省 | 医药制造业 | 1894738 |
| 277 | 康美药业股份有限公司 | 广东省 | 医药制造业 | 1594919 |
| 397 | 齐鲁制药有限公司 | 山东省 | 医药制造业 | 1197171 |
| 426 | 江西济民可信集团有限公司 | 江西省 | 医药制造业 | 1142731 |
| 446 | 康恩贝集团有限公司 | 浙江省 | 医药制造业 | 1102164 |
| 489 | 辅仁药业集团有限公司 | 河南省 | 医药制造业 | 990882 |

与此形成鲜明对比的是，我国大部分的民营医药企业一般规模比较小，属于企业，他们没有充足的资金开展独立的研发活动。民营医药企业中真正创新意义上的新药很少，大部分为仿制药。因此，无论从资金条件还是硬件基础设施看，民营医药企业都无法与国营及外资跨国企业抗衡。据统计，国外企业的研发费用占到企业产品销售总额的百分之八至百分之十，有的甚至达到百分之二十。资金短缺造成民营医药企业的研发和生产技术落后、符合最新国家生产标准GMP的企业非常少，在目前6000多家民营医药企业中仅有三百家企业具有相关资质，而真正取得证书的民营企业仅有五十九家。民营医药企业举步维艰也给企业吸引人才带来了极大的困难。目前，在民营医药企业中研发部门的人员学历不高、经验不够丰富、对国际或国内市场了解不够，降低了企业的创新能力。民营医药企业内部管理不善，不能建立适应市场发展变化的新型管理体制，管理信息化水平不高、系统不健全，很难直接对快速变化的市场做出及时的反应，许多企业甚至没有专门针对研发创新的企业制度。由于缺乏资金、人才，民营医药企业的技术水平始终处在竞争劣势地位，在医药市场飞速发展的今天，如果不能提高自己的研发能力，我国的许多民营医药企业将面临淘汰。因此，技术创新成为制约我国民营医药企业发展的瓶颈。

当然，民营医药企业也具备自己的优势，比如企业结构相对简单、企业横向和纵向沟通便利、企业内部信息传递距离短、市场识别能力和快速反应能力比其他企业强，企业内部组织的官僚化程度低容易取得管理制度上的突破，更容易塑造企业的创新观念和创新能力。

企业的竞争力是在企业不断的发展中逐步积累起来的，是根植于企业内部具有企业鲜明特点的核心能力。特别是民营企业要在创新方面实现突破培育自己的创新能力就必须发挥自己的优点，改进或回避自己的不足，充分利用自己的优势建立学习型团队，实现知识共享，营造浓厚的学习氛围，为提升企业内部的创新管理水平打下坚实的基础。民营企业的内在特征决定在民营企业内部实现协同创新具有先天优势和内在需求，并可以帮助民营企业提高内部运营效率，提升创新活动的绩效水平。

## 二　研究意义

中国的医药产业有着广阔的市场，在当前激烈的市场竞争中，医药技术的垄断和创新的加快逼迫我国民营医药企业必须紧跟医药技术发展的步伐，争取早日建立起企业自己的研发能力，为企业建立起核心竞争力。随着民营企业不断发展壮大，其规模和实力已显著增强，这就需要我国民营医药企业学会运用现代创新管理技术促进企业创新水平的提高，企业规模的扩大、生产研发过程日益复杂也为现代创新管理工具的使用奠定了基础。企业协同创新理论为企业创新管理提供了新的思路，尤其为民营企业的内部创新管理提供了方法。民营企业发展壮大的过程也是一个自我完善的过程，而协同创新理论可以帮助企业理顺内部部门之间的合作关系，提高研发和生产效率。因此，本书运用协同创新理论对民营医药企业内部资源整合进行系统化研究并提出企业内部协同创新机制具有一定的理论意义。

同时，以往对民营医药企业协同创新的研究多是集中在不同的研发主体之间的关系上或是从民营医药企业所面临的外部环境上，没有从医药企业内部各要素之间的整合和协调进行研究。这也许是因为以前民营医药企业普遍规模较小，而且企业没有自主创新的欲望和能力。经过多年的发展，部分民营医药企业已经发展壮大，有的已发展成为上市公司可以和国有或外资医药企业分庭抗礼，如果其他的民营医药企业再不具备自我创新能力，将不可避免地面临被淘汰的命运，因此民营医药企业具有了发展自主研发能力和规范企业管理的现实需求，所以从民营医药企业内部资源整合的角度出发运用协同理论提高民营医药企业研发活动的绩效水平，实现企业内部协同创新的协同效应，对于民营医药企业而言具有重大的现实意义。

## 第二节　国内外相关研究

### 一　国外相关研究

对企业创新管理的研究自熊彼特以来大致经历了三个阶段：（1）研究企业家创新精神在企业创新管理过程中的作用；（2）从创新主体及其相互关系出发研究创新管理；（3）研究制度及综合环境在企业创新中的影响。

Erievon Hippel（1988，1993）、Stephen M. Shapiro（2002）认为企业创新是一个复杂且相互交错的系统，它不仅取决于企业自身的资源实力和研发实力，还依赖于不同研发主体之间的相互合作相互影响以及处在企业上下游位置的不同经济组织和个人[1]。Erievon HiPPel 在前人研究的基础上进一步归纳总结认为，

---

[1]　James A. , "Enterprise Innovation Strategy", *Competitive Innovation Management*, Vol. 22, No. 2, June 2005.

在企业创新活动管理中企业的客户或者说客户的需求对企业创新管理产生巨大影响。

近年来，随着管理科学和思想的不断发展，新的研究思路和方法被运用到企业创新管理的研究中，如 Freeman（1987）和 Lundvall（1988）的系统创新理论，Margaret J. Wheatley（2001）提出的全员创新理论，Stephen M. Shapiro（2002）提出的全时创新理论，Lansiti（1997，1995）和 Joe Tidd（2001）的组合创新理论，Miehael Hammer 和 James Champy（1993）的系统创新理论以及 T. H. Davenport（1994）的流程再造理论①。

在继续研究基础创新理论外，对创新管理的研究逐渐转向对创新评价方面的研究。Nelson 和 Winter（2005）从系统进化的角度以及企业微观层面对企业技术和相关制度创新的界定和相互影响关系进行了深入研究，他认为企业创新不仅依靠技术要素，而且要把技术要素和制度要素结合起来，共同促进企业创新活动的持续开展。Radosevic（2004）、Tidd（2006）、Shapiro（2002）、Tucker（2002）都是从企业微观层面，通过协同管理的视角，研究了企业技术要素和制度要素在创新活动中的相互作用关系，他们认为企业创新活动的成功或者企业创新活动绩效的提高都离不开技术要素和制度要素的匹配，任何要素的缺失都会降低企业创新活动的绩效。

Carlsson 等（2002）认为对企业创新绩效评价必须建立在充分了解行业特征的基础之上，在评价过程中应尽可能多地采用可以体现这种行业特征的数据指标，只有这样才能保证评价结果的

---

① Carlsson B.，"Innovation Systems: Analytical and Methodological Issues", *Research Policy*，Vol. 312，No. 2，February 2002.

客观性、准确性和科学性。

Griffin 和 Page（2006）对企业产品创新绩效做了更深入的研究，他们针对产品创新绩效构建了一套复合指标，从产品质量、市场占有率、消费者满意度及产品销售收入等多个角度评价新产品的创新绩效。

James A. Christiansen（2005）在对众多企业创新案例研究的基础上，提出企业改进创新绩效必须从以下几个方面着手：（1）新产品的研发必须以市场为基础，迎合消费者的实际需要，提高企业对市场需求变化的反应速度；（2）新产品的研发要随市场的变化而变化，注重开发潜在市场和客户；（3）企业创新要提高市场反应速度、缩短创新周期、减少市场风险；（4）注重企业内部成本控制、提高资源使用效率。这样才能全面提高企业创新的绩效。

H. Dyckhoff、K. Auen（2001），J. K. Sengupta（2005），Francois F. Lavoie（2007）认为三阶段模型方法适用于多目标的投入和产出分析，而企业的创新管理过程就是一个复杂的多目标管理过程，因此运用 DEA 可以根据企业所面临的内外部环境，比较企业不同管理模式下的创新收益，提出改进创新管理的决策依据。

对企业创新管理的研究从创新制度研究到对企业创新制度的绩效评估研究，其总体都是沿着创新主体的思路，从与创新相关的各种企业要素着手。随着技术和市场的进一步发展，企业面临的竞争压力越来越大，这也对技术创新提出了更高的要求，因此能够整合企业技术要素、经济要素和竞争要素的新的管理方式应运而生，即协同创新管理。

## 二 国内相关研究

倪飞（2014）认为经过二十多年的快速发展，我国医药企业在产品研发和生产制造技术方面有了很大提高，但是医药企业的自主研发能力仍然不足①。经过分析总结出影响我国医药企业自主研发的动力因素，包括：企业的内外部资源基础、基础性研究水平、医药市场利润、医药市场竞争者的态度与医药行业研发相关政策。针对五项动力因素的影响机制，文章提出了促进我国医药企业自主研发创新能力提高的策略建议。

田悦容（2014）认为导致医药企业创新能力不足的原因是多方面的，其中医药企业研发费用投入不足、研发队伍及平台规模偏小、政府对医药企业研发的财政及配套制度供给不足是主要原因②。随着整个社会经济的发展，医药产品关系到民生问题，因此，为提高我国医药企业的创新能力，企业和政府应转变思想观念，加大对医药产品研发的投入，提高风险防范和控制水平，企业与政府真正形成合力来提高我国医药企业的创新水平。

胡善民（2014）从专利保护的角度分析认为，我国医药企业创新水平与专利保护的政策、法律法规因素相关，二者之间存在着互动关系③。运用和谐理论对二者之间存在的这种关系进行了分析，并进行了系统优化，提出了内外部环境兼修的和谐管理策

---

① 倪飞：《医药企业自主创新"五力"动力机制分析》，《辽宁医学院学报》（社会科学版）2014 年第 1 期。
② 田悦容：《中国医药企业创新不足原因与对策分析》，《经营管理者》2014 年第 19 期。
③ 胡善民：《技术创新与专利和谐关系的构建——以医药企业为例》，《管理观察》2014 年第 26 期。

略，以期从两种角度共同作用提高我国医药企业的创新技术水平。

唐清泉、巫岑（2014）认为医药企业内部研发与外部技术并购是企业提升自身技术水平的主要途径，二者的外部表现不同但之间又有着广泛的联系[①]。从正反两个角度分析了医药企业内外部研发之间的相互影响，并选取在深沪证券市场上市的 A 股医药企业为样本，采用 2002—2010 年间的公司相关数据，运用 OLS 回归模型进行实证分析。研究表明，医药企业的内外部研发活动之间存在协同效应，它们可以共同促进企业经营业绩的提高，单纯从内部或者外部因素着手提升企业的创新能力都不是最优路径。通过数据分析对比还发现，这种协同效应在企业或非国有制经济中体现得尤为明显。而且这种以技术提升为目的的上市企业关联交易比单纯以股东市场价值最大化为目的的关联交易更有利于企业内外部研发活动协同效应的实现。

王勇（2014）对我国目前医药企业 R&D 活动中的效率危机进行了分析，在梳理企业 R&D 活动流程及环节的基础上，总结了我国目前医药企业 R&D 活动中的效率危机产生的原因[②]。运用开放式创新理论，分析了 R&D 活动的不同阶段及环节，确定了新的适用于不同环境的开放式创新模式，提出医药企业 R&D 组织创新与重塑的三种组织模式，并分析了不同组织模式的特点，给出了适用条件。同时，对政府政策及法律法规对我国医药企业

---

[①] 唐清泉、巫岑：《基于协同效应的企业内外部 R&D 与创新绩效研究》，《管理科学》2014 年第 5 期。

[②] 王勇：《开放创新范式下医药研发组织模式研究》，《中国科技论坛》2014 年第 8 期。

创新的作用和影响进行了分析。

阿丽塔等（2014）采用汤森路透集团专利数据库，通过检索中美两国 1975—2010 每 5 年的 A61K＊专利，运用 Thomson Data Analyzer 文献计量软件和 Ucinet 社会网络分析工具，从网络密度、网络中心势两个维度，对比分析了中美两国企业创新网络、大学与科研机构创新网络以及企业—大学与科研机构创新网络，从创新组织角度揭示了我国医药产业创新网络的特点以及演变规律。相对于美国的成熟、独立发展及国际化发展阶段，我国医药产业仍然处于创新的起步阶段，研发创新实力整体水平较低[①]。因此，针对我国医药产业的发展阶段应该采用适用于我国国情的创新网络模式，才能更有效地促进我国医药产业创新的发展。

程新富（2014）从研发投融资角度，对我国医药企业创新活动进行了深入分析。文章认为私募股权投资作为一种创新型的金融投资工具比传统融资工具具有许多突出的优点，结合医药行业创新活动的特点，在我国医药企业创新经费普遍不足的情况下，选择私募股权投资无疑是一种促进创新发展、提升股东价值的新的实现形式[②]。

梁小娟、徐怀伏（2014）认为影响医药企业创新要素之间有些可以量化，有些无法直接量化，且可以量化的变量的量纲也不同，因此将整个医药企业的创新系统视为灰色系统，进而运用灰色关联分析法，采用《中国高技术产业统计年鉴（2000—2012

---

① 阿丽塔、刘晓婷、张玢、张燕舞、武志昂：《基于专利计量的中美医药产业创新网络对比分析》，《中国新药杂志》2014 年第 11 期。

② 程新富：《利用私募股权投资破解医药行业创新发展难题》，《中国经贸导刊》2014 年第 26 期。

年)》中的相关数据，对我国医药企业的发明专利情况进行了实证分析，以期找出影响我国医药企业创新活动发展的关键要素。通过建立新产品研发支出、政府支持支出、企业自身筹资、研发人员数量、科研机构数量五个指标，经灰色关联分析发现，新产品研发支出是影响我国医药企业创新活动发展的关键要素[①]。

罗亚琼、马爱霞（2013）认为医药市场发展迅速、竞争激烈，企业的核心竞争力就是创新。我国医药企业整体创新能力和水平还不高，自主创新的基础还比较薄弱，因此合作创新成为部分医药企业或研发创新某一阶段的必然选择[②]。它可以帮助我国医药企业从简单模仿到复杂模仿最终走向自主创新。同时，对RF医药集团进行了案例研究，以期找到可以成为医药企业开展合作创新切实可行的创新策略。

倪飞（2013）认为我国医药企业主体创新意识不强，医药企业的R&D活动内部动力不足，因此构建以医药企业为主导的产品创新体系对提升我国医药企业的科技创新水平具有突出的意义。在充分分析企业主导的R&D体系的基础上，结合企业创新的特点以及R&D流程模式，提出了以医药企业为主导的产品创新体系策略，即在"企业—大学/科研机构"及开放创新模式中同时保持主导作用[③]。

曹净植、肖玲诺（2013）利用因子分析法对在我国境内上市

---

[①] 梁小娟、徐怀伏：《我国医药制造业技术创新影响因素的灰色关联度分析》，《上海医药》2014年第5期。

[②] 罗亚琼、马爱霞：《医药企业合作创新模式践行策略研究——以RF医药集团为例》，《现代商贸工业》2013年第6期。

[③] 倪飞：《企业主导的医药产业技术创新体系的构建》，《南京中医药大学学报》（社会科学版）2013年第7期。

的 77 家中国医药企业以及两家国外医药企业进行了自主创新能力的实证分析，并根据 2011 年数据对以上医药企业的自主创新能力进行评估，研究结果表明我国医药企业虽然具有一定的竞争优势，但总体创新水平不高，在 R&D 投入方面尤其不足，远远落后于发达国家的同行业水平[①]。因此，为提升我国医药企业的创新水平，必须在 R&D 融资渠道方面取得突破，充分发挥企业内部的能动性以及政府的支持力度，以便为我国医药企业自主创新能力提升寻找到充足的动力。

杨莉、陈玉文（2013）认为政府在医药产业创新过程中具有无法替代的作用。在分析政府在医药产业创新体系中的重要性的基础上，就完善和转变政府职能提出了四点建议：（1）政府要牵头制定医药产业的创新发展战略，并提供必要保障；（2）政府转变行政理念，切实树立服务性理念；（3）完善现行的医药科技创新财政扶持政策，要符合行业的发展趋势及企业的实际需求；（4）构建和谐的政策环境[②]。

杨希、邱家学（2012）认为中国医药市场是世界医药市场的重要组成部分，中国的医药企业也正在走向国际市场，我国的医药企业将面临来自发达国家医药企业在两个市场的同时竞争。我国医药企业的科研实力和管理水平与他们相比还有很大差距[③]。要想保持或提高我国医药企业的市场份额，只能依靠企业自身科

---

① 曹净植、肖玲诺：《因子分析法评价医药业上市公司自主创新能力》，《哈尔滨商业大学学报》（自然科学版）2013 年第 5 期。

② 杨莉、陈玉文：《论医药产业技术创新中的政府行为》，《中国药业》2013 年第 24 期。

③ 杨希、邱家学：《我国创新药物研发模式发展趋势探讨》，《现代商贸工业》2012 年第 10 期。

研实力的增强。医药企业科研能力的提升离不开企业与政府的共同努力，医药企业处于一个良好的社会经济环境对它自身的发展是十分关键的一个方面，这个环境主要是由政府为企业营造的，提高政府的政策服务水平，促进产学研的深度融合，让我国医药产业创新体系实现良性循环。

宋帅官（2012）采用 DEA 分析法对辽宁省科技厅 2010 年重点监测的 45 家医药制药企业的创新效率进行了评估，评估结果显示本省的医药制药企业的 DEA 有效数仅有 15 家，总体科研水平较低。同时，其中的 25 家企业呈现出规模效益递增现象，21 家企业呈现出企业内外部创新资源整合的有效性，说明本省的医药制药企业创新能力的提升存在潜力。因此，省政府要加强引导，在行业管理和财政支持方面提供积极的政策，进行有针对性的管理，必然可以为辽宁省的经济发展提供持续的发展引擎。

蒋晓萌（2012）阐述了创新网络模式的内涵及特点，分析了创新网络开发模式的类型及意义。认为医药行业的核心在于新药的研发，新药研发是医药企业的核心竞争力和自身发展的持续动力，只有找到符合市场需求的新药才能在市场中处于不败之地。我国医药企业应该根据当前自身的资源发展水平以及外部竞争状况，采用适宜的新产品研发模式，控制研发风险、降低产品开发成本，切实提高医药创新效率与收益①。

马骥（2012）在总结前人研究成果及实际调研的基础上，发现民营医药企业在实现可持续发展的过程中还存在以下问题：第一，管理理念及方法落后；第二，管理及技术人才不足；第三，

---

① 蒋晓萌：《我国制药企业新药研发创新网络模式的构建》，《安徽广播电视大学学报》2012 年第 3 期。

创新活力低，新产品少；第四，企业研发融资困难；第五，企业文化发展落后，无法与企业的管理活动形成互动；第六，支持中药可持续发展的资源不足。因此民营医药企业应加快兼并重组的步伐，提升企业产品创新的能力，实现产品结构升级，建立与技术创新活动相符的企业管理文化①。

张平（2011）以某民营医药企业研发活动为例，结合企业的实际背景，首先采用问卷调查及面对面访谈的方式寻找并分析企业研发绩效管理过程中存在的问题，然后运用价值链分析方法、KPI 指标法设立了新的研发考核指标及考核体系，最后采用 PD-CA 循环法设计并建立了企业研发人员绩效管理的反馈系统，并在该企业中实际运行了该套研发绩效管理系统，证明了其有效性②。

朱皆笑等（2010）阐述了医药制药企业技术创新的特征，从三个角度分析研究了国内外制药企业的技术创新的发展状况：（1）国内外制药企业技术创新的背景分析；（2）制药企业技术创新的内涵和概念的界定；（3）国内外制药企业技术创新的模式归纳总结③。最后总结出制药企业发展的核心策略是技术创新，自主创新才是制药企业的发展趋势和持续不断的原动力。从政府角度来讲，应提供制度创新，增加制度供给，在制药企业新产品创新方面取得飞跃式的发展，从而带动我国制药产业结构的

---

① 马骥：《民营医药企业可持续发展现状及出路》，《卫生职业教育》2012 年第 1 期。

② 张平：《XH 民营医药企业研发绩效管理体系研究》，硕士学位论文，北京交通大学，2011 年。

③ 朱皆笑、施海燕、孙国君、单伟光：《国内外医药企业技术创新发展及研究方法综述》，《现代物业（中旬刊）》2010 年第 8 期。

换代升级。

姚雪芳等（2010）认为对于一个国家而言，医药产业的实力体现在新药物的研发能力上。在倡导自主创新型建设的国家发展策略下，我国的制药企业也经历了三段式的发展过程："仿制药—模仿创新药—自主创新药。"建立了制药企业新药物创新能力评价指标体系，通过量化分析，比较了我国与制药发达国家及地区如美国、印度和欧盟的差别，深入分析了我国制药企业研发的比较优势和劣势，总结归纳出其内外部原因①。指出要全面提升我国制药企业的研发实力，必须从专利保护、药品管理政策、人才发展策略，企业内部资金及政府财政投入等方面入手，才能确保我国制药产业的长足发展。

蒋毅、毕开顺（2010）认为我国医药产业本身正面临着前所未有的机遇和挑战，医药国际市场的飞速发展给我国医药产业的发展带来了广阔的市场。对世界主要制药发达国家的技术创新体系分析比较发现，我国的医药研发实力与他们相比还存在相当的差距，重点体现在以下几个方面：（1）政府的行业管理理念与方法；（2）企业和政府对新药研发的资金投入；（3）政府的政策供给；（4）企业研发的管理水平。建议企业与政府应共同努力，深化产学研合作模式，拓展国内外的行业合作渠道，营造技术创新文化，促进从仿制向自主创新的技术创新体系转化②。

宋涛、郭素贞（2009）分析了我国医药企业创新体系发展的

---

① 姚雪芳、丁锦希、邵蓉、程璨：《中外创新药物研发能力比较分析——基于医药技术创新评价体系的实证研究》，《中国新药杂志》2010年第24期。

② 蒋毅、毕开顺：《国际新药创新体系比较及对中国的启示》，《科学学与科学技术管理》2010年第12期。

现状，指出了中国医药企业创新能力不足的原因。利用 C—D 生产函数对中国医药生产企业的技术创新水平进行了评估，认为医药企业创新能力不足的原因主要有：（1）医药企业科研人员的管理体制不健全，无法实现人尽其才；（2）内部与外部科研资金投入不足；（3）科研融资渠道单一，没有充分利用现有的金融创新工具，如引进风险投资、私募股权投资等①。

王宏（2009）分析总结了医药企业研发创新药的几种模式，为我国医药制造企业结合自身特点选择研发模式提供了参考，即从仿制模式到技术改进模式最终到完全自主研发模式②。在选择创新模式时，应充分考虑到药物技术的临床适用性，要重视利用医药领域的专利文献查找信息、获取灵感，要从系统的角度构建企业研发体系，促进产学研的深度融合。

蔡基宏（2009）从创新的动力角度深入分析了我国医药企业研发能力弱的原因。认为企业投入研发的根本动力来自于市场，即新药的盈利能力。只有具有较高市场价值的医药产品才能促使企业增加研发投入，甚至吸引其他渠道资金的流入，更加有利于产学研的合作互动。因此，在探讨医药企业提升研发能力的同时应注重新产品的获利能力，再辅以政府的政策支持，方能真正实现我国医药制造企业创新体系的完善与发展③。

曹鹏、王媛、朱昌蕙（2009）从投入、政策和人才三个关键要素分析了我国医药企业的自主研发能力。通过深入分析发现，

① 宋涛、郭素贞：《中国医药企业创新能力分析》，《技术经济与管理研究》2009 年第 4 期。
② 王宏：《我国医药企业研发创新模式探讨》，《中国药业》2009 年第 12 期。
③ 蔡基宏：《影响中国医药行业创新能力关键因素分析》，《上海经济研究》2009 年第 11 期。

我国医药企业研发投入过低、研发队伍水平不高、企业内部缺乏相应的激励机制和保障机制。所以，我国医药企业应从机制建设入手，增加研发投入、积极吸引优秀的研发人才促进我国医药企业自主研发能力的提升①。

阿丽塔、汪楠、田玲（2009）运用创新理论体系阐述了医药企业创新体系的内涵，并对中日医药制造企业的创新体系做了深入剖析，在借鉴、消化、吸收的基础上，提出了促进我国医药制造企业创新体系发展的建议，即：（1）政府、企业及科研机构职能的协同；（2）增加制度供给，加大政府的支持力度；（3）深化医药市场体制改革，以市场的力量拉动科研创新的发展，最终实现自主创新能力的提升②。

胡彩龙、徐怀伏（2008）认为医药企业的核心竞争力是企业的技术创新能力。医药企业技术创新能力受企业外部及内部资源条件的限制。阐述了医药企业创新动力机制的内涵，分析了创新动力机制的影响因素。我国医药企业的创新能力整体较弱，产学研合作模式有待深化，转化机制有待加强③。

高曼（2008）采用 PEST 分析法及迈克尔·波特的五力模型，以四川某民营医药企业为研究对象，从市场定位、形成过程及提升路径等方面对该企业的核心竞争力进行了分析，然后对比了四川省民营企业与国内外民营企业的生存发展环境，分析了优

---

① 曹鹏、王媛、朱昌蕙：《从投入、人才、政策三要素论我国医药产业自主创新》，《现代预防医学》2009 年第 9 期。
② 阿丽塔、汪楠、田玲：《中美医药产业创新体系对比分析》，《中国药事》2009 年第 1 期。
③ 胡彩龙、徐怀伏：《医药企业技术创新的动力因素分析》，《中国医药技术经济与管理》2008 年第 9 期。

势及劣势，在此基础上构建了以市场定位、形成过程及提升路径为中心的四川省民营医药企业核心竞争力体系，指出四川省民营医药企业核心竞争力的提升需要充分利用资源优势、科研优势加大产品创新、管理创新和文化创新。最后，指出民营医药企业竞争力的核心体现在创新能力上[①]。

高院生、吴广谋（2008）认为在日益激烈的医药产品市场竞争中，最核心的竞争力就是企业自身的新药创新能力。目前，我国医药企业普遍存在规模小、动力不足，企业创新活动内部化不够等问题。要提高企业的创新能力，政府及企业应从以下五个方面着手：（1）建立完善的产权制度；（2）建立合理的市场结构；（3）增加政府政策支持；（4）企业自身技术水平的提高；（5）建立全方位、多层次的激励机制。

吉淦（2007）阐述了医药制造企业创新动力机制的内涵及其构成，深入剖析了医药制造企业创新动力机制的运作机理，指出了企业外部动力机制及内部动力机制传导作用的路径，最终形成合力，共同提高医药制造企业技术创新能力[②]。

高院生、吴广谋（2007）认为自主创新是创新模式的高级表现形式，我国政府已出台多项政策鼓励各个行业企业实施以自主创新为目标的技术变革和制度变革。而我国医药制造行业的自主创新能力还比较低，企业的技术创新动力存在着千差万别，且我国医药制造企业的技术创新大多属于设计创新，真正的功能创新

---

① 高曼：《四川民营制药企业核心竞争力构建分析》，硕士学位论文，电子科技大学，2008 年。
② 吉淦：《医药企业技术创新动力机制的运作机理分析》，《特区经济》2007 年第 9 期。

更加稀有，文中对我国医药制造企业的这种创新机制的演化进行了深入分析并提出了改进的对策与建议①。

沈渭忠（2007）分析了医药企业技术创新的三种固定模式，指出我国的民族制药企业正经历着国内市场与国际市场双重的竞争，为提高民族制药企业的核心竞争力只能不断地提高企业的新药创新能力。结合医药市场及民族制药企业现状，可以采用以下四种可行的研发模式：（1）通过专利授权，开发原创新药；（2）对现有产品进行二次开发；（3）面向国际主流市场直接开发新药；（4）仿制高难度的既有产品②。

朱伯科、邵蓉（2007）认为专利保护可以促进企业提高技术自主创新的意识和动力，因此从知识产权保护的角度提出了专利战略，并把它视为企业总体战略的重要组成部分。随后从技术开发、产业化与市场化三个角度深入分析了我国医药制药企业的技术创新发展的现状和问题，提出了适合我国医药制造企业技术创新过程中的专利战略③。

谭杰、程艳（2006）以我国医药制造企业为研究对象，深入分析了医药企业技术创新的特点和构成要素，在现有企业技术创新研究成果的基础上，结合医药企业的创新体系现状，提出了提升我国医药企业创新系统的策略和建议④。

---

① 高院生、吴广谋：《对我国医药企业自主创新演化机制的分析》，《价值工程》2007 年第 8 期。

② 沈渭忠：《中国医药企业新药创新模式探析》，《中国医药技术经济与管理》2007 年第 1 期。

③ 朱伯科、邵蓉：《专利战略在我国医药企业技术创新中的运用》，《中国医药技术经济与管理》2007 年第 8 期。

④ 谭杰、程艳：《中小型医药企业提升技术创新能力的对策研究》，《科技管理研究》2006 年第 12 期。

屠凤娜、张春河、朱洪瑞（2006）认为医药企业盈利能力的关键在于企业技术创新的能力和效率。我国医药制造企业自主创新能力普遍较低，盈利能力差，为打破制约医药制造企业创新能力的因素，应注重在基础研究和应用研究领域增加企业资本实力、创新技术创新机制、增强知识产权保护、完善企业管理制度①。

茅宁莹（2005）阐述了制药企业技术创新能力的内涵，分析了对制药企业技术创新能力评价的主要方法和指标，当前采用的投入—产出评价方法以及以此建立的评价指标不能全面地评价制药企业的技术创新能力，指出对制药企业技术创新能力评价应充分考虑以下制药研发的过程特点：从制药研发活动的全过程来建立评价指标体系；结合制药企业技术创新活动的阶段性特点；体现制药企业对内外部技术创新资源的整合能力。从而建立起协同、全面、动态的制药企业技术创新能力评价体系②。

李春辉、李野（2004）认为民营医药企业要实现可持续发展必须结合宏观环境与自身条件，利用民营企业自身组织灵活、内部协调成本低及决策过程短、速度快的特点，利用资本市场加快兼并重组，实现规模经营，最终提升企业的创新能力，促使企业走上良性发展的轨道③。

## 三　国内外研究述评

在民营医药企业创新管理方面，研究的重点大多集中在与之

---

① 屠凤娜、张春河、朱洪瑞：《我国制药企业技术创新》，《河北理工大学学报》（社会科学版）2006 年第 6 期。
② 茅宁莹：《医药企业技术创新能力评价方法探析》，《中国药房》2005 年第 13 期。
③ 李春辉、李野：《我国民营医药企业发展现状分析》，《中国药房》2004 年第 7 期。

相关的个别企业管理层面，如民营医药企业的创新文化建设、民营医药企业的绩效管理、民营医药企业的人力资源管理及民营医药企业创新的融资渠道等方面，对民营医药企业协同创新的系统性研究较少。这可能与民营医药企业在整个产业中的地位相关。但随着民营医药企业的不断发展壮大，民营医药企业的特点和现实需求决定需要对企业内部创新管理要素进行系统化研究。

关于创新管理理论方面的研究，已逐步集中于系统性和适配性，但如何在企业管理层面实施系统化的创新管理尚缺乏深入的研究，缺乏新的理论范式。许多理论范式还处在探讨期，深入研究和实证分析较少，多数研究还是集中在技术和市场要素，对企业创新相关的其他要素研究较少。

关于理论层面的创新，主要集中在以下几个方面：第一，从技术角度出发研究创新的不同环节；第二，从创新的不同主体出发，包括国家、企业层面的产学研各主体，还包括企业内部的研发部门、生产部门和市场部门等；第三，从创新要素角度如文化、战略、组织和制度等，注重研究不同要素对技术创新的影响和作用。但关于要素之间的横向联系以及这种联系对创新活动的作用研究较少。

## 第三节　研究思路与内容

### 一　研究思路

首先根据对民营医药企业实地调查，辅以文献资料的研究，界定了本书研究的主要问题，然后分析了民营医药企业研发面临的内外部环境，确定民营医药企业要进一步提升创新绩效需要提升和改进的企业内部管理要素。然后在综合企业创新和协同创新的理论基础上界定了民营医药企业内部协同创新机制的内涵和特征，分别从动力机制、实现机制、保障机制和运行策略四个方面分析民营医药企业内部协同创新机制，采用灰色关联分析模型和线性规划模型对民营医药企业内部协同创新的协同效应构建测度和优化模型，最后对山东 TY 医药有限公司的协同创新管理进行了实证分析，从而进一步验证本书提出的民营医药企业内部协同创新机制。

**二 研究内容**

本书共分为十个部分：

第一部分，绪论。内容主要包括文章研究背景与意义、国内外相关研究、研究思路与内容、研究方法与路线以及论文的主要创新。

第二部分，相关支撑理论。阐述了创新理论及协同创新理论，为分析民营医药企业内部创新管理要素，建立企业内部协同创新管理机制奠定理论基础。

第三部分，我国民营医药企业创新的现状与趋势。内容主要包括我国医药企业创新的发展概况、我国医药行业的分类、我国医药企业的发展状况、我国民营医药企业发展特点、我国民营医药企业创新发展中的问题及面临的挑战、我国民营医药企业创新发展问题、我国民营医药企业创新不足问题产生的原因、我国民营医药企业创新发展面临的挑战、我国民营医药企业协同创新的现实需求及我国民营医药企业内部协同创新的必然趋势。

第四部分，民营医药企业内部协同创新的机理。主要内容包括民营医药企业内部协同创新的内涵与特征、民营医药企业内部协同创新的内涵、民营医药企业内部协同创新的特征、民营医药企业内部协同创新的影响因素、民营医药企业内部协同创新机制的形成、民营医药企业内部协同创新机制与其他创新机制的关系及民营医药企业内部协同创新的机理模型。

第五部分，民营医药企业内部协同创新的动力机制。主要内容包括民营医药企业内部协同创新动力机制的内涵与特征、民营医药企业内部协同创新动力机制的内涵、民营医药企业内部协同创新动力机制的特征、民营医药企业内部协同创新的动力因素、民营医药企业内部协同创新动力因素的相互作用及民营医药企业内部协同创新动力的综合集成。

第六部分，民营医药企业内部协同创新的实现机制。主要内容包括民营医药企业内部协同创新的实现条件、民营医药企业内部协同创新体的形成过程、民营医药企业内部协同创新体的协作方式、民营医药企业内部协同创新的实现形式、民营医药企业内部协同创新效应的测度及民营医药企业内部协同创新系统的优化。

第七部分，民营医药企业内部协同创新的保障机制。主要内容包括民营医药企业内部协同创新的环境保障、民营医药企业内部协同创新的组织保障、民营医药企业内部协同创新的投入保障、民营医药企业内部协同创新的人才保障及民营医药企业内部协同创新的资源保障。

第八部分，民营医药企业内部协同创新的运行策略。主要内容包括营造内部协同创新的企业文化、强化内部协同创新的绩效评估、优化内部协同创新的激励机制、均衡内部协同创新的利益分配及完善内部协同创新的支撑体系。

第九部分，实证研究。内容主要包括山东 TY 医药公司的发展历程及其现状、山东 TY 医药公司的内部创新管理概况、山东 TY 医药公司内部协同创新的动力机制、山东 TY 医药公司内部协同创新的实现机制、山东 TY 医药公司内部协同创新的运行策略及山东 TY 医药公司内部协同创新的保障机制。

第十部分，结论与展望。总结归纳了本书的研究结论，提出了本书的研究不足之处，并对今后的研究方向进行了展望。

# 第四节　研究方法与路线

## 一　研究方法

（1）采用定量分析与定性分析相结合的研究方法。我国民营医药企业的内部协同创新管理过程中部分相关因素可以合理地设定为量化指标，但是还有一部分因素无法对其进行量化处理，我们在研究过程中，对于前面可以量化的部分进行量化研究，不能量化的部分进行定性分析。

（2）采用规范分析与实证分析相结合的研究方法。在依据协同创新理论的基础上，本书采用规范分析方法，分析了民营企业内部协同创新的内外部动力因素、分析了内部创新机制的保障机制的构成和实现机制的内外部影响因素及企业内部协同创新的运行策略。在测度企业内部协同创新协同效应时，本书依据建立的协同效应测度的硬性和软性指标及测度和优化模型，通过对山东 TY 医药有限公司的实证分析，检验了民营医药企业内部协同创新机制的可执行性。

（3）系统分析的研究方法。企业内部与创新相关的要素是多种多样的，涉及企业的研发部门、生产部门和销售部门等，要全面提升各要素和部门之间的配合效率，就必须提升科研管理水平。其重要的途径之一就是利用协同创新管理的模式从企业内部着手，系统化改造企业内部各要素和部门的合作机制，对协同效应进行定量和定性分析。

## 二 研究路线

本书研究路线如图 1-1 所示。

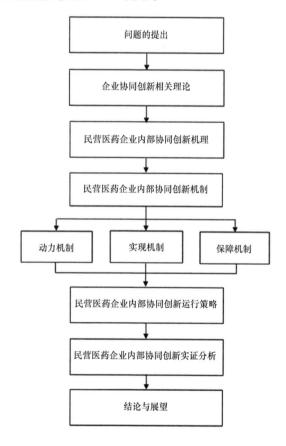

**图 1-1 研究路线**

# 第五节　研究的主要创新

本书的创新点共有两个：

第一，本书依据协同创新理论和民营医药企业创新管理的现实状况和发展趋势，构建了民营医药企业内部协同创新螺旋机理模型。

第二，建立了用于测度民营医药企业内部协同创新协同效应的指标体系，采用灰色关联分析法和线性规划模型对民营医药企业内部协同创新、协同效应进行了测度和优化，并建立了协同效应优化程序。

# 第二章　协同创新理论基础

## 第一节　创新理论

美籍奥地利经济学家约瑟夫·阿罗斯·熊彼特一生著作颇丰，共留给后人 15 本著作和 200 多篇论文，被称赞为"现代社会科学的巨人"。1912 年，熊彼特的《经济发展理论》（德文版）面世，这是他理论体系的第一次重要表述，是他一生学术生涯的里程碑。在这本书中，熊彼特首次提出了一种资本主义经济的动态发展理论。这种理论核心内容就是创新。他把社会经济活动区分为两种类型：经济循环与经济发展。前者实际上是一种简单再生产的模式，是静态的均衡。而经济发展的含义则相当广泛，是指一个社会的经济活动中一切改变或替代正常方式，对打破原来均衡状态的内部变革而言，这种变革是自发的和突起的，不是蹈袭往常的循序渐进，而是独辟蹊径的冲击或跳跃，不是改良而是革命。

熊彼特认为，经济发展的动力一般源于两类动力，即外部动力和内部动力，内外两种动力为国家经济发展提供足够的力量去推动社会经济的前进，天时、地利、战争、国家的社会经济政策是能使经济发生变化的外部力量或因素，但不是促进变革的主要力量；而在社会经济发展的过程中，资本家在面对市场或者其他问题的时候，会采取一些活动去破坏均衡，使得一个均衡发展到另外一个均衡，这种活动主要的动力就是创新。它打破表面均衡状态，导致一种"创造性的破坏过程"，从而促进经济成长。

所谓创新，就是企业家实行对生产要素和生产条件的一种新的组合。这种组合主要包括五种情况：（1）引入一种新的产品或提供一种产品的新质量；（2）采用一种新的生产方法；（3）开辟一个新的市场；（4）获得一种新的生产方法；（5）实行一种新的企业组织形式，例如建立一种垄断地位或打破一种垄断地位。创新不同于技术转让上的新发明，是指经济活动领域内的新事物或新东西。熊彼特认为，银行在创新活动中扮演着重要的角色，它是推动创新活动必要的购买力的生产者。在阐述这个结论中，他将银行信用分为正常信用和非正常信用两类。正常信用是对已有的实物进行的信用贷款，这无助于经济成长，唯后者是以银行对未来劳动和尚未生产出来的商品提供的信贷，只有这类信贷才能真正促进经济的成长。一种新发明，只有当它被应用于经济活动时，才称为创新。要使创新有实现的可能，一是依靠银行信贷，二是依靠企业家履行其职能①。

----

① William Lazonick，"Financialized Corporations in a National Innovation System：the U. S. Pharmaceutical Industry"，*International Journal of Political Economy*，Vol. 47，No. 3，June 2018；Kisoon Shin，Daeho Lee，Kwangsoo Shin，Eungdo Kim，"Measuring the Efficiency of U. S. Pharmaceutical Companies Based on Open Innovation Types"，*Journal of Open Innovation：Technology Market and Complexity*，Vol. 32，No. 3，June 2018；Beum-Nyun Kim，Nam S. Lee，Jong-Hyun Wi，Jong-Keon Lee，"The Effects of Slack Resources on Firm Performance and Innovation in the Korean Pharmaceutical Industry"，*Asian Journal of Technology Innovation*，Vol. 25，No. 3，August 2017；徐怀伏、司洋：《医药企业关于技术创新的激励问题分析》，《中国医药技术经济与管理》2008 年第 7 期；张兆晖、茅宁莹：《关于评价医药企业技术创新能力的思考》，《中国新药杂志》2006 年第 6 期；曹湘博、曹锦丹：《面向医药企业的个性化专利信息服务模式探讨》，《情报科学》2015 年第 1 期。

　　企业家在这里和通常所理解的不同，是创新活动的倡导者和实践者。经营工商业，按照已有的管理或规章经营相对较为容易，特别是已有一定地位的企业只需按照既定计划方针和已有的规模进行管理，其中董事长或总经理即使具有魄力和才能，一时也不会想到打破这种常规进行创新。所以他们不是企业家。因为创新是迈向未知领域的创造性行动，因此各行各业都需要相对不同程度的奇才异能的人物才能实行创新。企业家是生产中的革命者，可以来自社会上的各行各业和任何一个阶级。他们都具备一种特殊的领导能力，都具有发现和把握商业时机的才能，但社会环境对于新生事物总是抵制抗拒的，因而他们往往得不到社会尊重。不论单个的还是集体的创新者，他们的经济地位都不稳定。事实上，当他们经济上的成功使他们得不到文化传统和观念上的支持，其社会地位也只是个暴发户，他们的行为被人取笑。

　　那么，企业家通常追求的是风险最小化或利益最大化，但有时却从事着具有不确定性又常常是劳而无功的事业。熊彼特将企业家描绘成资本主义制度中的骑士游侠："首先，他们有去寻找自我王国的理想和意志，……。于是，就有了一种征服的欲望，一种要奋斗的冲动去证明自己比别人优越。他们要成功不是为了享受成功的果实，而是为了成功本身……。最后，他们以为发明创造，完成工作，或只是把精力和想象付诸实施就是最大的乐趣。"

　　熊彼特认为资本家对于资本主义经济是十分重要的角色，甚至认为他们是资本主义的灵魂，这显然有失偏颇。在他的心目中，资本主义经济发展过程不外是企业家体现不断破坏和创新的过程。创新的过程就是打破现有的情况，达到新的均衡。资本家在创新活动过程中，会提前在产品创新、市场扩张、生产方法改进、组织构建以及新的原料方面占据领先地位，提高这些东西使得自身企业竞争力极强，新生产品和生产成本会存在一个差额，就是企业的利润，归企业家所有。很多人看见这种方式会创造比较大的利润，所以开始模仿，这些人是模仿者。于是，最初的改进会在行业中推广，同时大量的银行借款和投资支出会使经济繁荣。但是随着模仿者的增多以及投资的增加，企业乃至整个行业的利润下降，最终将导致经济的衰退，这是因为：（1）这场竞争活动是因为资本家想通过占据优势地位，获得最新生产发生而发动起来的一次竞争，旧企业因为没有足够的购买力所以可能在竞争过程中被市场淘汰；（2）创新推广的过程会抹杀优势，而竞争又迫使价格降低到新的生产水平，利润消失了，生产又按照国家的线路环流；（3）随着创新不断发展，产生了很多的成果，这些成果的产出肯定会引起银行的信用紧缩，对于资本家来说，他一方面有钱去偿还银行贷款，另一方面也愿意去归还贷款，创新的购买力因此而没有了。这时，由于一部分模仿者进行了时机不当的或引导错误的投资，衰退就要发生了。在研究资本主义经济发展的过程中，若不考虑其他不可抗因素的影响，实际上我们就可以把资本主义经济分为繁荣和衰退两个阶段的周期性活动进行研究。创新使这两个阶段定期地调换位置，这也就是熊彼特所谓的经济周期的"纯模式"。由于创新的规模及其对经济活动影响的不同，经济周期的长短也不一致。他认为经济周期可以分为长波（55 年）、中波（9—10 年）和短波（40 个月）三种类型，这种划分较为简单化，因为创新只可能形成某些不规则的变化，不可能形成较为确定的周期性波动。

　　熊彼特的《经济发展理论》在对系统理论分析过程中的突出特点是对资本主义的演进过程进行了分析，并以创新为基础，简单地分析了资本主义的发展前途。他进行这一分析的理论基础是，创新是推动资本主义存在和发展的唯一动力。他以此作为其分析逻辑的起点，断定资本主义不可能永久延续下去，由于在经济发展过程中，资本家一直在进行着创新活动，资本主义发展到了一定阶段后，资本家对资本主义的经济结构作用变小，那种谋取利润的机会也越来越少，企业的利润慢慢地就收敛于零，资本主义发展越来越缓慢，渐渐地在相对静止的状态下衰退，权力机构或者是政府组织就登上舞台，对社会经济发展进行宏观性质的调控，把握经济发展大方向，达到一种新的社会形态，自动进入社会主义。同时，他认为马克思对"资本主义必然崩溃"的论断缺乏理论上的说明。

　　20 世纪 30 年代初的资本主义经济令人沮丧，令人感到前途渺茫。而初到美国的熊彼特却提出了完全不同的看法，他认为大萧条对资本主义制度来说，只是一次很好的"冷水浴"。无独有偶。英国著名经济学家凯恩斯对萧条也抱有相同的乐观态度。然而凯恩斯认定资本主义制度自身决定了它经常要受到经济停滞的威胁，在萧条时，政府要给予恰当的支持。而熊彼特认为资本主义内部存在着动力，这种动力就是创新。因此资本主义经济会自动增长，并且不需要政府开支作为永久性的辅助引擎。

　　1939 年，他发表了《经济周期》一书，从理论上阐明了经济危机发生的原因，并建立了他自己的经济周期理论。他指出资本主义经济周期的"纯模式"即繁荣和衰退的交替出现的经济生活在现实中是不存在的，在研究资本主义中发现，资本主义发展过程的经济周期实际上包括四个阶段：繁荣、衰退、萧条和复苏。他认为资本主义经济运行过程中之所以表现为四个阶段的循环往复，是由创新的两次浪潮引起的。在第一次浪潮中，创新引起了对生产资料的扩大需求；同时由于银行要为创新提供资金，所以引起信贷扩张。从而导致生产部门会不断扩展，进一步刺激市场对产品的消费需求，市场中货物价格增高，众多投资机会涌现，整个社会经济呈现出普遍繁荣的局面。与第一次浪潮不同，第二次浪潮很多资金主要是由中小企业和部分投机活动提供，大部分的投资活动和创新关系并不搭，信用贷款的扩张也与之并无关系。

经济周期的根源在于创新，这是熊彼特书中的一个主要观点。但经济领域是广泛的、复杂的，各生产部门的技术条件不同、性质不同，同一行业各个具体的创新内容也有所不同，因此不存在单一的创新。不同的创新对经济影响的范围、程度和时间会有所不同。而这些诸多创新活动是相互影响、相互依靠的，这么多创新活动组成了一个网络状创新过程。因此，经济周期中的三种不同类型的周期（长波、中波、短波）都与一定的创新活动相联系。

## 第二节　协同创新理论

复杂性科学兴起于 20 世纪 80 年代，不仅引发了自然科学界的变革，而且也日益渗透到哲学、人文社会科学领域，复杂性科学是以复杂性系统为研究对象的一种学科交叉的新兴科学研究形态。复杂性科学包括早期的一般系统论、控制论、人工智能，以及后期的耗散结构理论、协同学、超循环理论、突变理论、混沌理论等，复杂性科学至今带给科学研究巨大的变革，其主要归因于复杂性科学研究方法论和思维方式上的突破、创新和变革。

协同学起源于 20 世纪 60 年代，当时德国斯图加特大学教授郝尔曼·哈肯在研究激光理论的过程中提出了协同学的基本观点和理论基础，并于 1971 年与经济学家格雷厄姆合作发表"协同学：一门协作的科学"一文，提出"无论何种对立的双方，只要在同一个统一体内，在同一目标下，都存在着协同发展的可能性和现实性，都可以实现协同发展"。同年，协同被正式作为一门学科进行研究。到 1977 年，哈肯教授正式发表了《协同学导论》一书，建立了协同学的理论框架，学科初步建立起来。1983年，哈肯教授又出版了《高等协同学》，以信息论、控制论、突变理论等为基础，用统计学和动力学的方法，通过分析类比建立数学模型，描述事物从无序到有序转变的规律。与此同时，他还出版了近二十本关于协同学的专著，协同学正式建立起来。

协同学是研究各种不同的系统在质变的过程中所遵循的共同规律的科学，其中核心议题是探讨支配生物界和非生物界的结构或功能的自组织形成过程的普遍原理。哈肯认为自然界和人类社会的各种事物普遍存在有序和无序的现象，在一定的条件下，有序和无序之间会相互转化，无序就是混沌，有序就是协同，这是一个普遍规律。"一个由多子系统构成的系统，如果在子系统之间相互配合产生合作效应，系统便处在自组织管理状态，从而在整体上表现出一定的结构和功能。"在自然科学中，无论是数学关系的和谐之美，还是物理的守恒定律，再到化学和生物的大小分子协同效应，都证明了运动的和谐性与协同性。

　　因此，协同学是描述各类非均衡相变的条件和规律，研究有序结构形成和演化的机制。千差万别的系统，尽管其属性不同，但在整个过程中，各个系统间存在着相互影响、相互合作、相互制约的关系。协同系统在一定条件下会由无序转向有序，主导因素在于系统的各个子系统通过非线性的相互关系而产生协同效应。系统从无序转变为有序所需具备的前提条件包括：（1）系统最终演变的状态或结构从始至终都受到序参量的影响，序参量还起着支配子系统的作用。（2）系统内子系统间的有机联系和积极配合是系统有序发展的重要条件之一，只有当系统关联作用占主导地位、子系统之间形成协同时，系统才能呈现出一定的有序结构。（3）除了系统内部协同作用机制外，还需要外部环境提供适当的控制参量，为系统自组织结构的形成与有序演化提供保障。（4）反馈机制的系统实现有序的重要保障。任何一个开放系统要维持一定的稳定性，以实现其自身的目标，都离不开反馈调节。

　　所谓协同，就是指协调两个或多个不同种类资源或主体，协同一致地完成某一特定目标的过程与能力。协同是随着人类社会的出现而出现，随着人类社会的进步而发展的。当技术成为现代商业社会的核心，人们就越来越希望技术能够提供更多东西。协同可以在系统的发展过程中协调各子系统，协作产生拉动效应，推动整个事物的共同进步与发展。这种事物之间相互属性的增强、向积极方向发展的相互作用即为协调性。哈肯指出：系统中各子系统的相互协调、合作或同步的联合作用及集体行为，结果是产生"1＋1＞2"的协同效应。随后管理研究者将这一思想应用到企业管理中的各个领域，如产品研发、企业价值链中的上下游企业、互补或竞争企业的产品设计、制造、销售领域等。在传统的创新网络的创新主体之间存在 $(n-1)/2$ 个协作点，协同创新网络的创新主体之间就存在 $n \times (n-1)/2$ 个协作点，因此协同创新的网络节点比传统创新的网络节点多了 $n$ 倍，这就是协同效应网络节点的解释。

多元化战略的协同效应主要表现为：通过人力、设备、资金、知识、技能、关系、品牌等资源的开放共享来降低研发成本、分散市场风险以及实现规模效益。哈佛大学教授莫斯·坎特甚至指出：多元化组织存在的唯一理由就是获取协同效应。协同学是一门交叉学科，不同学科都在不同的侧面研究协同现象，其提出的协同、有序度、快变量、慢变量、序参量等概念被广泛使用，并在各个领域取得了很多重要的成果。

协同创新具有以下主要特点：（1）整体性。创新生态系统是各种要素的有机集合而不是简单相加，其存在的方式、目标、功能都表现出统一的整体性。（2）层次性。不同层次的创新具有不同性质的协同，它们遵循着不同的规律，而且不同层次之间存在着相互影响与作用。（3）耗散性。创新生态系统会与外部进行信息、能量和物质的交流。（4）动态性。创新生态系统是不断动态变化的。（5）复杂性。组成系统的各要素比较多，且存在着复杂的相互作用和相互依赖。

科技、市场、文化是协同创新的三种驱动力。科学与技术的融合推动了高校、科研院所及企业之间的合作，技术的多元性又有利于促进企业家实现创新、增加市场需求、促进经济发展。因此，科学与技术的融合以及技术的多元性共同驱动了协同创新。协同创新不仅需要科技、市场外部驱动，而且需要文化的内部驱动。文化是一种无形的、软的驱动力，它影响到各个合作主体能否进行深层面的合作，缺少精神内核的协同创新必将是貌合神离的协同。科技与市场是协同创新的硬驱动力，文化是协同创新的软驱动力。

协同创新过程的激励及价值创造机制主要包括创新知识价值的创造、交易成本的实现、创新风险的分摊以及利益的分配四个维度，而它们并非按照以上时间顺序依次产生，四个子过程可能根据实际情况的不同相伴而生。作为创新组织的高级形式，协同创新的价值创造机制具有更大的复杂性和不确定性，只有清晰地把握整个价值创造过程的各个环节，充分挖掘其中的运行机理，才能在控制风险水平和创新成本的基础上去实现最大化创新价值，进一步提升创新系统的绩效，体现协同创新的优越性。

协同创新的共享机制主要是在以大学、企业、研究机构为核心，以政府、金融机构、中介组织、创新平台等辅助要素的多元主体之间，通过协同创新共享平台，进行跨组织、跨学科、跨领域的资源共享，包括科技信息资源共享、科学设施资源共享、科研人员开放式交流无间合作等，其核心就是协同创新通过共享进行知识创造的过程。协同创新的开放共享机制是调动各创新主体的积极性和创造性、实现深度合作的开放创新、提高创新效率的基石。

在实施协同创新模式之前，需要政府对高校、科研院所、企业之间基于利益驱动的尚未成型的资源协同创新进行引导，激发创新需求的外部需求驱动机制，实现突破性进展。协同创新平台在遵循"整合、共享、完善、提高"原则的创新资源和要素之间的有效汇聚整合，突破创新主体间的合作壁垒，充分释放人才、资本、信息、技术等要素的活力，实现各主体之间的有效协同、深层次合作和价值创造，从而引领创新活动的开展。协同创新平台是成功实施协同创新的必要条件和坚实后盾。

协同创新的绩效用来衡量合作创新活动的实施结果。协同创新绩效评价体系是一套能够充分反映大型跨组织协同创新绩效，具有一定内在联系并且相互补充的指标群体。在这个指标群体中，指标的设置、如何设置将关系到评价结果的科学性和正确性，又关系到协同创新资源的合理配置，更关系到创新能力的构建和创新机制的完善。

# 第三章 我国民营医药企业创新的现状与趋势

## 第一节 我国民营医药企业发展概况

### 一 我国医药行业的分类

从医药的功能来讲它既是一种传统产品也是一种现代产品。从古至今，医药的基本功能都是预防或治疗某种疾病，或是防患于未然、促进人类健康、增强人类体质，或是帮助进行疾病的诊断。而现代药物的构成具有前所未有的多样性，生产工艺具有超过以往的复杂性。因此，创新成为医药行业新时代的突出特点。医药行业关乎国计民生，无论是战争年代还是和平年代，它在国家的经济结构中都占有重要的地位。医药行业在中国的经济结构中也占有非常重要的地位。它不仅可以促进经济的发展，还可以提高人民的生活质量，维持社会的长治久安，保障社会持续健康的发展。医药行业是一种统称，可以按照三次产业划分结构把医药产业同样划分为三个层次：第一个层次为医药原料生产，如化学及中药类原料；第二个层次为医药产品的生产，如生物、化学及中药类制剂、饮片等；第三个层次为医药产品的商业流通领域，如运输、销售等。我国的医药行业从运营的角度来划分，又可以分为两大类，即医药工业与医药商业。医药工业与医药商业的分类如表 3 - 1 所示。

表 3 - 1　　　　　　　　我国医药行业分类

| 医药行业 | 具体产业 |
|---|---|
| 医药工业 | 化学原料药制造业、化学制剂制造业<br>生物制剂制造业<br>医疗器械制造业<br>卫生材料制造业<br>中成药制造业、中药饮片制造业 |
| 医药商业 | 药品批发业<br>药品零售业<br>临床 |

## 二　我国民营医药企业发展状况

医药行业是一个高投入、高风险的产业，也是一个多种科学、多种技术手段相互融合的产业。改革开放以后我国的医药产业实现了飞速发展，1978—2008 年，我国医药产业的历年发展速度均高于同期 GDP 的发展速度，实现年均增长率 17%。与此同时，我国医药产业的国际化发展趋势也在不断加快，1978—2008 年，我国医药产品的国际市场占有率从 0.9% 提高到8.3%，提高了 7.4 个百分点。目前，我国医药行业的物质基础已经比较雄厚，医药行业的生产总值占 GDP 的比重已经超过3%，2012 年我国医药工业总产值为 18417.9 亿元，比前一年增加 2790.4 亿元，增长 17.9%，我国的医药品出口总额也在以每年 20% 的速度递增。

截至 2013 年，我国医药企业中规模以上企业实现的主营业务收入已突破两万亿元大关，达到 21681.6 亿元，同比增长18%，增长速度首次跌至 20% 以下。但从细分行业看，主营业务收入下跌主要集中在医疗器械、化学原料药及制剂行业，而中成药、卫生医药类用品及制药装备等行业的增速还是高于行业平均水平（见表 3-2）。

表 3-2　　　　　2013 年我国医药行业主营业务收入

| 行业 | 主营业务收入（亿元） | 增长（%） |
|---|---|---|
| 化学药品原料药制造 | 3819.9 | 13.7 |
| 化学药品制剂制造 | 5730.9 | 15.8 |
| 中药饮片加工 | 1259.4 | 26.9 |
| 中成药制造 | 5065.0 | 21.1 |
| 生物药品制造 | 2381.4 | 17.5 |
| 卫生材料及医药用品制造 | 1398.2 | 21.8 |
| 制药专用设备制造 | 138.2 | 22.3 |
| 医疗仪器设备及器械制造 | 1888.6 | 17.2 |
| 合计 | 21681.6 | |

资料来源：国家统计局《2013 年统计公报》。

2013 年，我国医药行业规模以上企业经营利润达到 2197 亿元，较上年同期增长18%，但增长速度降低了 2.8 个百分点，利润率为10%，与上年同期相比略有下降（见表 3-3）。

表 3 - 3　　　　　　　　2013 年我国医药行业利润

| 行业 | 利润（亿元） | 利润率（%） | 变动 |
| --- | --- | --- | --- |
| 医药工业 | 2197.0 | 10.13 | -0.03 |
| 化学药品原料药制造 | 284.7 | 7.45 | 0.02 |
| 化学药品制剂制造 | 639.4 | 11.16 | 0.06 |
| 中药饮片加工 | 94.2 | 7.48 | 0.23 |
| 中成药制造 | 538.4 | 10.63 | 0.03 |
| 生物药品制造 | 282.4 | 11.86 | -0.45 |
| 卫生材料及医药用品制造 | 142.2 | 10.17 | 0.14 |
| 制药专用设备制造 | 16.5 | 11.91 | -0.27 |
| 医疗仪器设备及器械制造 | 199.2 | 10.55 | -0.37 |

资料来源：国家统计局。

2014 年，受我国政府调结构、治污染等一系列政策的影响，医药企业仍然在适应中继续前行。通过加大自主研发的投入以及对国际市场的拓展，2014 年上半年的医药行业增加值增长 13%，与 2013 年同期相比增长率持平。

从研发投入来看，我国通过"863"计划、"973"计划等科研平台，不断地鼓励产学研融合，提升医药行业的科研水平，同时鼓励科研成果的产业化。2013 年医药制造业投入 347.7 亿元，研发投入强度为 1.69%，投入强度超过了众多行业，成为仅次于仪器仪表和运输制造业排名第三的行业。

2002 年之前，我国医药行业的企业数量为 6000 多家，经过一系列兼并重组后为 3567 家,其中国营企业、集体企业、民营企业、三资企业分别为 929 家、509 家、691 家、1438 家。如图 3 - 1 所示:

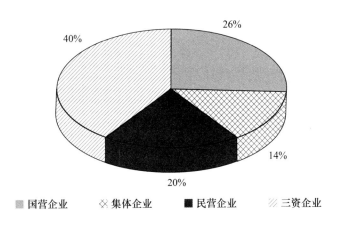

图 3 - 1　不同经济类型医药企业构成

资料来源:根据《高新企业技术统计年鉴》整理。

在不同经济类型的医药企业发展过程中发现,民营医药企业和三资医药企业发展最快,国营经济发展乏力。2002 年医药行业全行业实现利润 190.31 亿元,平均增长幅度为 25%。其中,民营医药企业与三资医药企业的增长速度都超过 30%,而国营医药企业的增长速度仅为 15%,为平均增长速度的 60%。民营经济在医药行业中的持续发展壮大同样离不开资本市场。2002 年,沪深两市中的医药类上市企业共 80 家,其中民营企业 17 家,占 21.3%。民营医药企业实现的平均利润为 3739 万元,平均每股收益 0.21 元,二者均高出医药企业板块同类水平的 16%。在民营医药企业快速发展的过程中民营经济显示出超强的经营能力及盈利能力。

时至 2014 年，随着我国医疗体制改革的不断深入，医药市场的规模也在不断扩大。目前医药上市公司的公开资料显示，我国 183 家上市生物制药公司中已有 43 家公布定向募集方案，共筹集资金 497.5 亿元。所筹资金基本用于扩大生产、技术升级改造及提供企业流动资金。

2014 年，由中国民营企业联合会、中国统计协会、中国管理科学研究院企业研究中心联合组织的新一届"中国民营企业 500 强名单"出炉，在民营企业 500 强名单中有 9 家医药企业入围，在制造业 500 强名单中有 18 家医药制造企业入围。这也意味着优秀民营医药企业营业收入已跨入百亿元门槛。

### 三　我国民营医药企业发展的特点

伴随着医药市场的高速发展，我国民营医药企业也实现了跨越式的发展。在新常态下，我国民营医药企业的发展将呈现以下特点：

#### （一）借助资本市场实现规模化

经过近 20 年的高速发展，我国的医药制造产业呈现出"四高一长"的发展趋势，即高投入、高风险、高产出、高技术和长周期。在这种发展模式下，只有资本充足、人才完备、研发实力强的大型制药企业才能在激烈的市场竞争中生存。中国的医药市场在未来的三到五年，仍然会以两位数的速度保持增长，民营资本的不断加入必然会给我国医药行业注入新的、有活力的血液，促使我国民营医药企业实现规模经济，保持高速、稳健的发展。实践证明，我国民营医药行业企业的平均利润率、发展速度均高于同期其他行业企业水平，也高于其他性质的医药行业企业的水平。在上市公司的经营业绩报告中，民营医药企业的经营业绩也高于其他类型的上市公司业绩①。

（二）科技实力成为核心竞争力

医药行业的产品风险高于其他行业，因此，医药行业的投资风险也高于其他行业，且医药行业的投资规模大、周期长，新药开发的环节多，不确定性强。我国民营医药企业要驾驭国内与国际两个市场，就必须具有先进的风险管控意识与方法。国际化的竞争日趋激烈，创新是国际化发展道路的基础，因此我国民营医药企业必须加大对企业研发活动的投入，增加自主创新的能力，提高新产品的科技含量，逐步实现产品的换代升级，摆脱目前大量出口原料药而缺乏自主品牌医药产品的局面。

（三）为医药企业创新打造坚实的基础

我国民营医药企业的创新发展离不开企业的内外部环境。政府应该为企业创新，特别是民营企业的创新活动，提供良好的产业政策、法律环境、财政支持等，企业自身应始终以市场为导向建立符合企业实际的创新管理体系，加大新药开发、生产工艺的创新、环境保护手段的提升、能耗的降低等工作的力度，充分利用目前我国高新技术产业化专项及"973"、"863"科技计划平台，提升自身科研能力或加强产学研的深度合作促使医药科技成果的顺利转化，在医药创新的道路上逐步改变只

---

① 徐勇：《中国民营企业创新战略研究》，硕士学位论文，苏州大学，2008 年；贺京同、高林：《企业所有权、创新激励政策及其效果研究》，《财经研究》2012 年第 3 期；陈云娟：《民营企业治理结构与创新动力机制研究》，《中国民营科技与经济》2008 年第 12 期。

能仿制的面貌。

## 第二节　我国民营医药企业创新发展
## 问题及面临的挑战

### 一　我国民营医药企业创新发展问题

（一）创新能力不足

我国民营医药企业面临的最主要的问题是自主创新能力的建设问题。对于医药行业而言创新无外乎三个方向，即研发新药、对现有药剂的改良、生产工艺的改进。创新的目的在于提高产品质量、降低产品成本，而企业创新的终极目标是企业产品获得市场的认可，这就需要企业内部从研发到市场营销、从生产到物流、从人力资源到财务管理等全方位制度的协同配合[①]。由于民营医药企业内外部环境的制约，我国民营医药企业的创新能力还处在低级阶段，目前大部分民营医药企业的创新活动集中在简单仿制层面，少数实力雄厚的民营企业的创新活动处于仿制创新层面，整体离自主创新层面还有很大差距。

（二）创新模式单一

医药企业的创新模式主要有三种，即开拓性创新、模仿创新和完全仿制。三种创新模式的特点差异如表 3 - 4 所示：

---

① 周庆行、赵文秀：《我国民营企业创新的内部动力机制研究》，《华东经济管理》2008 年第 2 期；Jung Jae Hoon, Cho Duk Young, Choi Suhe yong, "Study on Medicine Related Policies for Management Strategies and Performances of the Pharmaceutical Industry", *The Korean Journal of Health Service Management*, Vol. 31, No. 9, September 2015；袁勇志：《企业家创新行为与障碍研究》，博士学位论文，南京农业大学，2002 年。

表 3 - 4                          创新模式比较

| 类型 | 特点 | 优缺点 | 适用企业类型 |
| --- | --- | --- | --- |
| 开拓创新型 | 完全新药、新的适用症或用途 | 优点：核心竞争力<br>缺点：投入大、风险高、周期长 | 科研及资金实力雄厚的企业 |
| 模仿创新型 | 对市场中既有药物的改良 | 优点：有迹可循、难度低、风险小<br>缺点：容易引起法律纠纷 | 具备一定科研及资金实力的企业 |
| 完全仿制型 | 简单模仿既有药品，无任何改进 | 优点：风险小、难度极低、容易被市场接受<br>缺点：无核心竞争力 | 科研及资金实力差，处在发展初级阶段的企业 |

从以上比较分析中可以看出，医药企业创新模式的选择不是以企业家或任何机构意志转移而转移的，医药企业创新模式的选择是以企业科研能力为基础的，医药企业的创新能力决定了企业的创新模式类型。对民营医药企业而言尤为如此。对企业研发活动的投入主要分为人、财两方面。企业创新能力发展的核心是人才，由于历史原因，我国社会民众对民营企业特别是民营医药企业还存在一些偏见，高级人才在就业的过程中首选的还是国有大型企业或三资企业，民营企业很难招聘到优秀的创新人才，在民营企业研发部门工作的研发人员的学历构成还是以本科生甚至是专科生为主、硕士为辅，几乎没有博士学位的研发人员[1]。

---

[1] 李燕：《中国民营企业的创新与人力资本研究》，博士学位论文，西南财经大学，2007 年；李志：《企业家创造性与创新行为和企业绩效关系的研究》，博士学位论文，西南大学，2008 年；郭贤欣：《民营企业组织创新气氛研究》，硕士学位论文，山东大学，2007 年；贺彩霞：《我国民营企业人力资源开发现状与对策研究》，硕士学位论文，中南大学，2006 年；彭生高、储流杰：《民营企业科技创新问题与对策研究》，《安庆科技》2010 年第 1 期；杨光、张眺：《民营企业创新风险分担机制个案研究》，《经济纵横》2009 年第 4 期。

创新活动特别是医药研发具有高投入、高风险的特征。而恰恰我国的医药企业研发特别是民营医药企业研发活动的资金投入严重不足。发达国家医药企业研发活动的投入达到销售收入的20%，而我国医药企业研发活动投入只有销售收入的10%，民营企业的融资渠道少、规模小，因此科技研发的投入比例更低。

因此，我国民营医药企业的创新模式受制于目前的企业创新能力，在民营医药企业中仍然以完全仿制为主，部分科研实力强的企业逐步转向模仿创新模式。

（三）创新效率低

我国民营医药企业除了技术及资金投入不足外，管理水平低、资源使用效率低也成为制约其创新能力发展的主要因素。现代企业创新活动涉及面广、变化迅速，对企业的管理水平提出更高的要求，企业的研发活动要适应市场及技术的瞬息万变，企业的组织构架及管理制度也要具备充足的弹性以适应这种变化。在资源有限的情况下，企业完全可以在信息技术及现代管理理念的支持下提高资源使用效率，加快医药产品创新的速度、提升自身的创新能力。

## 二 我国民营医药企业创新不足的原因

我国民营医药企业创新不足的原因多种多样。有企业的外部原因，也有企业的内部原因；有企业的创始性问题，也有企业后期发展中出现的问题；有企业家的战略选择问题，也有企业乃至社会文化理念问题。民营企业内部创新能力不足的原因如下：

（一）民营医药企业经营者的战略选择

1800 年，法国经济学家理查德·坎蒂隆（Richard Cantillon）

首次提出了企业家的概念。企业家精神成为企业组织和经营过程中一种非常重要的资产。熊彼特认为企业家就是从事"破坏性"创新活动的创新者，德鲁克对熊彼特的观点进行了发展，认为"企业管理的核心内容，是企业家在经济上的冒险行为，企业就是企业家工作的组织"。

但我国许多民营医药企业的经营者并不是实际意义上的"企业家"，他们当中的许多人来自前国有或外资药企，在计划经济向市场经济转轨的过程中，利用既有的技术和市场，维持企业经营。因此，许多民营医药企业的经营者在持续不断的"盈利"面前毫无创新的动力。

（二）民营医药企业融资渠道单一

目前，民营医药企业的融资渠道相对单一，主要依靠银行贷款。但大多数的民营医药企业创新项目规模小、风险大、周期长，民营企业内部管理透明度低、财务制度不健全、可抵押和担保的资产少、企业信用积累少，因此很难获得银行的授信资格。即使获得了银行方面的贷款，融资的成本也远远高于其他大型国有或外资医药类企业，因此反而增加了民营医药企业的创新风险，降低了民营医药企业的创新效率。再加上民营医药企业自有资金比例低，资金投入不足导致我国民营医药企业创新能力不足。

（三）民营医药企业成本控制存在缺陷

企业创新活动的前期属于纯投入期，企业经营成本管理的策略和管控措施直接影响到企业的创新活动。当前，我国民营医药企业成本管理的问题主要集中在以下两个方面，一是处理不好当前利益和长期利益的关系，只注重考察当前成本的考核评价，管理成本的理念落后、方法单一，如只注重生产过程的成本，忽视研发和市场开拓的成本，因此企业一味地削减成本数量，忽视创新投入，导致企业不愿意投资创新活动。二是片面地强调低成本策略，导致企业经营发展缓慢。三是成本管理缺乏内部统筹思想，资金是企业经营发展的血液，涉及企业的方方面面，如果企业资金使用不当会直接限制企业的创新和发展，如企业对创新活动所需人、财、物的投入不足会导致企业产品缺乏竞争力、降低产品的盈利能力；企业对市场调研投入不足会导致产品不适应市场需求，导致企业研发没有根据，企业盲目投资或不投资，降低企业投资效率；企业对市场销售投入不足会降低产品的市场占有率，直接减少企业的收入。

（四）民营医药企业营销策略不当

我国民营医药企业对外部销售渠道的依赖较强，渠道层级众多，关系复杂。由于民营医药企业的产品相似度极高，竞争激烈，渠道商又总是从自身利益出发，优先考虑销售提成高的产品，从而无形中提高了制造企业的销售费用。因此，要提高销售量，就要增加销售费用，如此循环便提高了民营医药企业的销售成本。

所以，从外部看我国民营医药企业非常重视在销售领域的投入，但对市场营销的整体投入缺乏统一规划，形不成恰当的营销策略。我国民营医药企业对产品研发和品牌建设的投入比例低，大部分对市场营销的投入都投到了销售渠道和产品促销方面。因此，迫于市场的压力，在民营医药企业中形成了重市场轻研发的观念，同时也造成了实际投入中的比例失调，影响了民营医药企业研发能力的形成和壮大。

（五）民营医药企业研发人才不足

首先，由于我国民营医药行业整体研发投入水平比较低，而对科研人员的投入在研发投入中所占的比例则更低。没有好的科研平台，再加上没有好的待遇条件，我国民营医药企业研发人员很难招到优秀的科研人才，即使招到也会因为研发人员的自我价值难以实现而造成科研人才的流失。其次，我国民营医药企业面临的市场竞争越来越激烈，企业不敢将重点放在研发方面，企业经营者宁肯将精力和资金用于销售的拓展。因此，民营医药企业的研发工作得不到合理的重视与规划，从而无法组成有效的科研团队，形成有效的科研实力。最后，在我国民营医药企业中没有规范的人力资源管理制度，人才观念比较老旧，单纯以薪资待遇招揽科研人员，忽视科研人员其他方面的价值实现和激励。因此，由于科研人员的创造性有时很难衡量，当企业遇到成本问题时，科研人员的投入再次成为众矢之的，甚至造成科研人员的离职。

## 三　我国民营医药企业创新发展面临的挑战

（一）新药的界定范围逐渐缩小

2007 年我国颁布了新修订的《药品注册管理办法》对所谓新药进行了重新界定。经过此番修订，新药证书的颁发门槛有了一定的提高，单纯地改变药剂类型、用途或适应症已不能再获得新药的身份，这就使我国民营医药企业仿制药研发模式面临极大的挑战。

（二）专利制度自身的阻碍

专利制度的根本目的在于保护创新，保护发明者的积极性，维护专利权人的根本利益。但是随着同一行业内专利申请的不断增多，企业为保证自己的利益不被侵犯，甚至达到垄断市场的目的，专利制度的"丛林"法则便体现出来，即专利保护的产品种类过多，企业新的研发活动要规避前人的创新成果避免法律纠纷就必须开创新的完全不同领域，因此，在综合研发实力较强的跨国药企及大型国有药企的面前，民营药企的创新活动举步维艰。

（三）来自医药市场的挑战

跨国医药企业及本国大型国有医药企业不仅占领着自主创新药品的市场，近几年也开始进入仿制药市场。与上述两种类型的医药企业相比，民营医药企业的资金实力弱、研发基础薄弱、市场开拓能力不足，因此，要巩固既有市场开拓新市场必须要从内部挖掘潜力，充分利用民营企业在组织构架、管理制度方面的优势，减少跨国医药企业及本国大型国有医药企业给自己市场带来的冲击。

（四）政府医疗政策的挑战

随着一系列民生政策的出台，医药产品的价格有进一步降低的趋势，医药企业的利润空间将被进一步压缩，再加上国家环境保护政策及医药企业质量管理制度（GMP）的实施，企业的经营成本会大幅度增加，在科研投入本就不足的情况下，民营医药企业要实现可持续发展，民营医药企业的融资能力将面临巨大的挑战。

## 第三节　我国民营医药企业协同
## 创新管理的现实需求

协同是指复杂系统中诸多要素或不同子系统相互协调、合作和同步的联合过程，是系统整体性、相关性的内在表现。企业创新活动各相关要素之间的关系是非线性的，协同创新就是实现创新活动各相关要素之间的有机配合，体现每一个单独要素无法体现的整体的效应。李春辉、李野（2004）认为民营医药企业要实现可持续发展必须结合宏观环境与自身条件，从企业自身组织、内部协调着手，利用资本市场加快兼并重组，实现规模经营，最终提升企业的创新能力。茅宁莹（2005）阐述了制药企业技术创新能力的内涵，分析了对制药企业技术创新能力评价的主要方法和指标，现实当前采用的投入—产出评价方法以及以此建立的评价指标不能全面地评价制药企业的技术创新能力，指出企业创新评价指标应体现制药企业对内外部技术创新资源的整合能力。从而建立起协同、全面、动态的制药企业技术创新能力评价体系。高院生、吴广谋（2008）认为在日益激烈的医药产品市场竞争中，最核心的竞争力就是企业自身的新药创新能力。目前，我国医药企业普遍存在规模小、动力不足，企业创新活动内部化不够等问题。阿丽塔、汪楠、田玲（2009）运用创新理论体系阐述了医药企业创新体系的内涵，并对中日医药制造企业的创新体系做了深入剖析，在借鉴、消化、吸收的基础上，提出了促进我国医药制造企业创新体系发展的建议，即政府、企业及科研机构职能的协同。姚雪芳、丁锦希、邵蓉、程璨（2010）认为对于一个国家而言，医药产业的实力体现在新药物的研发能力上，要全面提升我国制药企业的研发实力，必须从专利保护、药品管理政策、人才发展策略、企业内部资金及政府财政投入等方面入手，才能确保我国制药产业的长足发展。马骥（2012）研究发现民营医药企业在实现可持续发展的过程中还存在以下问题：第一，管理理念及方法落后；第二，管理及技术人才不足；第三，创新活力低，新产品少；第四，企业研发融资困难；第五，企业文化发展落后，无法与企业的管理活动形成互动；第六，支持中药可持续发展的资源不足。因此，民营医药企业应加快兼并重组的步伐，提升企业产品创新的能力，实现产品结构升级，建立与技术创新活动相符的企业管理文化。杨希、邱家学（2012）认为医药企业科研能力的提升离不开企业与政府的共同努力，政府要为企业创造良好的外部环境，提高政府的政策服务水平，促进产学研的深度融合，让我国医药产业创新体系实现良性循环。唐清泉、巫岑（2014）认为医药企业内部研发与外部技术并购是企业提升自身技术水平的主要途径。研究表明，医药企业的内外部研发活动之间存在协同效应，它们可以共同促进企业经营业绩的提高，单纯从内部或者外部因素着手提升企业的创新能力都不是最优路径。通过数据分析对比还发现，这种协同效应在企业或非国有制经济中体现得尤为明显。而且这种以技术提升为目的的上市企业关联交易比单纯以股东市场价值最大化为目的的关联交易更有利于企业内外部研发活动协同效应的实现。

医药企业尤其是民营医药企业的创新过程是一个多环节、复杂性的过程，在企业外部涉及政府、科研机构、同业竞争者或合作者等多个主体，内部涉及企业文化制度、人力资源制度、财务制度等多方面要素。这些因素之间的相互作用是非线性的，传统的管理方法很难能够将企业内外如此多的要素协调统一起来。而协同创新的管理方法可以很好地帮助企业创新活动的开展，找出制约企业创新活动发展的关键因素，提高创新活动的效率。协同创新是未来企业创新管理的发展方向，更是企业创新实践过程中的现实需求。

## 第四节 我国民营医药企业内部 协同创新的必然趋势

### 一 医药市场的变化发展日新月异

在经济全球化时代，医药市场的竞争日益激烈，产品创新的速度也超越以往。为适应市场的飞速变化，产品的研发过程必须迅速高效。技术与市场是协同创新的两个重要因素，只有企业特别是企业内部按照协同理念建立起与外部市场环境变化相匹配的各种企业内部管理制度，才能提高响应速度、缩短反应时间，创新活动才会实现持续健康的发展，创新的产品才会在市场中实现其经济价值和社会价值。

### 二 自主创新是未来民营医药企业的发展方向

企业创新模式发展的高级阶段就是实现自主创新。目前，我国民营医药企业的创新阶段基本处在仿制创新阶段或根本是完全仿制阶段，从仿制创新模式到自主创新模式不只是技术上的提升，而是包括与技术相关的一系列企业创新制度和经营制度的建立[1]。企业内部协同创新制度就是从企业内部构筑企业创新活动的必要保障，它包含一系列相互支持补充的企业管理制度，如内

---

[1] 钟敏：《民营企业实现自主创新价值的路径选择》，《技术与创新管理》2009年第4期；许慧萍、王萌、赵靖宇：《民营企业创新能力评价指标体系的构建》，《经济视角（下旬刊）》2013年第9期。

部创新的动力机制、实现机制、保障机制和运行机制。制度创新是技术持续创新的前提条件之一，因此企业内部协同创新是民营医药企业创新模式最终走向自主创新的重要保障。

### 三　内部协同创新是实现民营医药企业核心竞争力的重要途径

我国民营医药企业核心竞争力的形成是企业内外部资源整合共同作用的结果。企业内部资源条件是核心，外部资源条件通过内部条件起作用。民营医药企业的核心竞争力体现在企业的创新能力上，内部协同创新可以将企业内部不同类型部门资源整合起来，从企业内部打造民营医药企业的创新能力，提高企业创新的效率和价值，最终提升民营医药企业的核心竞争力。

### 四　内部协同创新是民营医药企业创新降低成本、提高效率的重要手段

内部协同创新的主体是企业，企业由不同职能的部门组成，每个职能部门具有不同的经营目标，营销部门重视新产品的收入而可能忽略成本、研发部门考虑投入与成果也有可能忽略成本和产品市场的适应性而且技术复杂存在信息不对称，人力资源部门也存在着留住人才与降低成本的矛盾，财务部门更加关注收入与成本的配比等。采用内部协同创新管理就是要协调企业内部不同部门的目标，体现各部门运作的整体性，协调它们之间的相关性，从而做到降低创新成本、提高创新效率[1]。

---

[1]　蒋天颖：《民营企业文化构成及其与管理绩效关系的实证研究》，硕士学位论文，浙江工业大学，2005 年。

# 第四章　民营医药企业内部
# 协同创新的机理

## 第一节　民营医药企业内部协同创新的
## 内涵与特征

　　民营医药企业内部协同创新的内涵与特征需要从两个方面来阐述：第一，从企业的行业特点，即医药行业的特殊性，不仅要结合医药创新活动的特点，我国医药企业尤其是民营医药企业的创新活动的发展还要立足国情、立足企业的实际情况和未来发展需要；第二，民营医药企业具有民营企业的特点，民营企业在整个产业中所处的位置、拥有的内外部资源以及内部管理架构及制度都会影响到民营医药企业内部协同创新活动。因此，民营医药企业内部协同创新的内涵与特征具有研究的特殊性与必要性。

　　协同创新是一个复杂的系统工程，要保障创新系统的顺利运行不仅需要物质要素，还需要非物质要素的共同作用，即制度要素。企业内部协同创新便是注重从企业内部的非物质要素着手促进企业内部的物质要素之间相互作用，使企业内部非物质要素在企业创新过程中发挥积极的协调和促进作用，使创新活动这一复杂系统的每一个子系统在动力机制的促进下，成为提升企业创新活动绩效的重要途径。

目前，针对协同管理国内外大量的研究重点集中在大型企业集团之间以及企业内部环境与外部环境之间的协同管理，如企业与外部环境，如政府、科研机构等的协同管理，研发部门与营销部门的工作性质不同引起的工作部门之间不协调导致的绩效低下；再如，企业部门之间应加强联系，促进工作信息流动，提升工作绩效等。本书探讨的内部协同创新并不仅仅指民营医药企业内部物质要素之间的整合、集成或协调，而是企业家或企业内不同部门的管理者主动地运用企业链条中的制度要素协同管理企业创新活动，并通过不断优化协同机制，提高企业技术创新能力及市场竞争力。

## 一　民营医药企业内部协同创新的内涵

民营医药企业内部系统创新的内涵可以归纳为：以民营医药企业发展战略为导向，以提升内部竞争力为核心，通过企业内部协同度与协同效应两个维度，协同管理民营医药企业技术与市场、创新活动与企业组织构架、文化、各项管理制度等要素，提升民营医药企业创新能力的过程。

民营医药企业内部协同创新管理过程中涉及两个维度，即协同度与协同效应。协同度指的是企业内部各要素或部门之间相互作用关系的紧密程度与有序程度。协同度可以用从强到弱的关系表示，即协同度高说明民营医药企业创新过程中，企业内部各要素或部门关系密切，相互作用强，工作开展相互促进有序；相反，协同度低说明民营医药企业创新过程中，企业内部各要素或部门关系单一相互作用弱，工作开展混乱无序；显然，民营医药企业内部协同度高会促进民营医药企业的创新活动，反之，则阻碍了企业的创新活动。协同度的函数表达式为：

$$Y = f(x_i), \quad x = x_1 + x_2 + x_3 + \cdots + x_n, \quad i = 1, 2, 3, \cdots, n$$

式（4-1）

式中，$Y$：企业内部各要素、部门之间的协同度；

$f$：表示企业内部各要素、部门之间的某种非线性函数关系；

$x_i$：企业内部各要素、部门。

协同效应是企业协同管理过程中协同度的重要表现形式，是民营医药企业内部协同创新管理绩效与其他创新管理模式相比较下的增量部分。在民营医药企业创新活动过程中，与创新活动直接或间接相关的企业内部各要素、部门之间协同度高，其创新成果的增量越大，协同效应就越大，反之，与创新活动直接或间接相关的企业内部各要素、部门之间协同度低，其创新成果的增量就小，协同效应就小，协同效应与协同度存在正相关关系。其函数表达式为：

$$\max G = F(f(x_i), x_i), \quad i = 1, 2, 3, \cdots, n \qquad \text{式（4-2）}$$

$$S.T. \ x_1 + x_2 + x_3 + \cdots + x_n \leqslant \rho$$

$$f(x) \geqslant U$$

$$x_n \geqslant 0$$

式中，$G$：协同效应；

$F$：协同效应函数；

$\rho$：企业内部资源量；$U$：一般创新管理模式绩效。

在上述非线性函数关系中，必然存在一个非线性规划方程，并且存在最优解，从而使企业内部协同创新管理的协同效应最大化，即 $G*$ （ $X*$ ）。

在对民营医药企业内部协同创新管理绩效与其他创新管理模式绩效进行比较时，为使比较的结果更具科学性，将采用两种方式：

（1）在相同的企业资源系统中，采用不同的协同管理模式，比较企业创新过程中内部资源协同效应的大小。

（2）在不同的企业资源系统中，采用相同的协同管理模式，比较企业创新过程中内部资源协同效应的大小。

## 二 民营医药企业内部协同创新的特征

民营医药企业内部协同创新模式与其他创新模式比较，具有以下几方面特征：

### （一）协同创新过程内部化

企业的创新活动是一个多要素组合、配置、优化的过程，它涉及企业外部及内部资源的整合与协调。协同创新便是通过发挥企业家或企业的主观能动性，运用一系列的管理机制优化创新系统。在企业所面临的诸多资源中，企业的外部资源是相对不可控的，企业的内部资源是相对可控的，而且企业的外部资源最终会通过内部资源作用于企业的创新活动，成为创新过程的重要组成部分。因此，企业内部协同创新将被企业内部资源的协同管理视为企业提高创新能力的核心，在公司外部资源相对稳定的前提下，通过挖掘内部资源之间的整合潜力，提高企业内部资源的运作效率，实现企业内部资源整体协同效应的最大化，最终提升企业的创新能力[1]。

---

[1] 孟远哲：《民营企业内部营销与企业文化创新的探讨》，硕士学位论文，武汉大学，2005 年。

（二）协同关系非线性

内部协同创新过程中企业内部各要素、部门之间的协同关系是非线性的，非线性关系指的是不按比例、不成直线的关系，代表不规则的运动和突变。企业创新活动涉及多种资源，各种资源具有不同的属性，如经济属性、政策属性、技术属性等，企业内各部门之间的工作关系也很难采用一种量纲进行评估。因此，内部协同创新过程中企业内部各要素、部门之间的协同关系是非线性的。这种协同关系的非线性体现出各种资源协同关系的复杂性，更加符合企业创新活动管理的实践。正是企业内部各要素、部门之间作用关系的非线性，使得企业创新活动的效果不再简单地等于各个子系统资源整合之和，而是使通过企业内部协同创新管理提高企业资源使用效率，提高企业各部门之间的协同效应成为可能。

（三）在内部协同创新过程中企业内部各要素、部门之间具有开放性

内部协同创新是一个开放的创新管理系统。因为要实现企业内各要素、部门资源的整合、协同，使各要素、部门资源成为有序、高效的整体，必须保持每项子系统都是开放的，在一个相互密闭的系统中是不会产生协同效应的。以美国微软公司为例，微软公司是全球知名的软件企业且具有一流的研发系统，为使公司的创新活动保持高效率，公司意识到离不开财务系统的有力支持，因此，微软公司设计了一套集创新动力机制与保障机制于一体的创新制度和文化。为适应外部市场环境的变化，公司的创新活动不能停止，但创新活动也不可能在无资源约束的条件下进行，更不能使一个全球企业的创新活动处于无序的状态下，微软

公司创建了一个独立的全球财务报告系统，这个系统使得公司各财务部门与每一个业务单元或部门可以便捷地获取相关财务信息，所有信息被存储在一个中央数据库中，所有组织内部的员工均可使用。因此，在创新活动过程中每一位员工不需要特殊的位置或授权，只要登录相关网页便可以获取相关的项目信息。因此，企业内部协同创新具有的开放性可以消除企业内各部门之间信息沟通的障碍，促使企业的每一位员工了解企业的创新文化、项目进程及市场信息等，从而保证了企业创新活动的绩效①。

### 三　民营医药企业内部协同创新的意义

民营医药企业实现内部协同创新可以从企业内部着手提高创新活动对市场的反应速度、控制内部创新成本、提高创新效率。

（一）获得民营医药企业内部协同效应

实现民营医药企业内部协同创新，企业内部的每个业务单元就不能是完全独立的，各业务单元之间、各种要素和资源之间通过协同管理制度合理配置存量资源、激活以往闲置资源，使它们可以有序地相互促进与合作，即实现生产要素产出"1＋1≥2"的效果，最终实现企业的市场及盈利目标。

（二）提高企业创新活动的反应速度

企业创新的根本目的是提高产品的市场占有率和盈利能力。

---

① 吕惠明：《民营企业的特点及管理创新探讨》，《商场现代化》2007 年第 7 期；程晋玲、徐志伟：《企业家精神与企业创新——中国民营企业创业发展轨迹的思考》，《中国集体经济（下半月）》2007 年第 5 期；李春瑜：《中国民营企业技术创新模式实证研究》，《河北经贸大学学报》2007 年第 4 期；刘胜地：《试论我国民营企业的创新问题》，《湖北经济学院学报》（人文社会科学版）2006 年第 5 期；罗正英、李益娟、常昀：《民营企业的股权结构对 R&D 投资行为的传导效应研究》，《中国软科学》2014 年第 3 期。

国内外医药市场发展日新月异，民营医药企业面临着国内与国外市场的双重竞争，即使在国内市场民营医药企业也面临着不同等的资源条件。因此民营医药企业应首先从内部开始整合企业资源，利用协同创新管理模式，依托民营企业的特点和优势，提高创新活动的反应速度，提高企业内部组织的适应能力，最终提升企业创新活动的创新效率。

（三）降低民营医药企业创新成本

民营医药企业内部协同创新可以实现经济学角度的两种最优创新效果，即既定成本下创新效益最大化和既定创新效益下的成本最小化。企业的创新活动成本主要包括以下三大类：第一类是创新活动主体成本，如技术搜寻、实验、试生产及销售成本；第二类是创新研发管理成本，如研发或与研发相关的人财物的投入；第三类是创新风险成本，即一旦创新活动失败，前两项的创新投入将变为沉没成本，创新活动的投入将无法收回。因此，采用企业内部协同创新可以通过下三种途径降低企业创新成本：一是以市场为导向进行技术研发，减少市场风险，从根本上降低风险成本；二是加强企业内部各部门之间的信息沟通，优化合作关系，协调各部门之间的组织目标，减少创新过程中的研发、生产和销售成本；三是创新制度，构建内部协同企业文化，提高创新活动的组织效率，减少企业内部的实施成本和摩擦成本①。

---

① 周婷：《对民营企业资本结构与融资策略的探析》，《学术交流》2014 年第 2 期；赵枫：《我国民营企业激励机制的现状与发展前景探析》，《经营管理者》2014 年第 11 期；魏巍：《民营企业自主创新能力的影响因素——以嘉兴为例》，《嘉兴学院学报》2014 年第 2 期；曹梦玲、赵圆、周丹丹、于海云：《江苏省民营企业科技创新政策协同优化思路》，《经济师》2014 年第 4 期。

（四）促进企业管理制度的创新与优化

任何企业的经营活动离不开组织支持和保障，但随着组织规模的扩大组织内部就会存在或多或少的官僚现象，对企业而言，官僚现象是企业的生存与发展的绊脚石。企业创新活动是多种要素、多个部门相互作用、影响的复杂的过程，在企业创新管理中实现协同管理，可以打破既有组织的运作模式，通过技术、组织、市场三种创新核心要素的协同管理，可以减少实施与摩擦成本、提高各部门的积极性，在维护企业内部组织稳定性的前提下，不断地依据外部环境的变化而变化，实现创新活动"1＋1≥2"的创新效应[①]。

# 第二节　民营医药企业内部协同
# 创新的影响因素

企业的创新活动受到诸多内外部因素的制约。民营医药企业的内部协同创新同样受到来自不同性质、层面因素的影响，其中既有来自企业创新过程中的共性影响因素，也有来自医药行业和民营企业性质的一些个性化影响因素。

民营医药企业建立一套系统的、具有众多机制支撑的内部协同创新体系并不是一件容易的事。协同代表着支持企业战略的企业内部各要素、部门的匹配以及企业外部环境的匹配。企业的外部环境变幻莫测，确保企业内部各部门协调统一也是非常困难的，在企业中"右手不知道左手在做什么"这样的现象比比皆

---

① 李婧：《企业家团队所有权与企业创新绩效——国有企业与民营企业的比较研究》，《云南社会科学》2014 年第 3 期。

是，如果企业要实施内部协同创新机制，民营企业内部各部门及工作机制必须匹配起来将各种资源集中于企业的创新系统中。组织中不同部门及工作机制的匹配性必须根据创新的种类及性质有所不同，但各部门及工作机制的匹配需要三种关键的要素：建立匹配、工作绩效和组织构架。

## 一 内部影响因素

根据民营医药企业创新内部匹配的三大核心要素，将民营医药企业内部协同创新影响因素分为三大类、十二小类①，如表4-1所示。

表4-1                                         内部协同创新影响因素

| Ⅰ建立匹配 | Ⅱ工作绩效 | Ⅲ组织构架 |
|---|---|---|
| 企业战略匹配<br>企业文化匹配<br>企业制度匹配<br>企业信息技术匹配 | 收入核算<br>成本核算<br>奖惩制度 | 企业内部不同部门之间的协调<br>企业整体及各部门的柔性<br>企业内各部门职能的划分<br>企业组织构架的类型<br>企业管理及研发人员的特点 |

从建立匹配的角度看，民营医药企业发展战略的不同影响到企业的创新战略，从而影响到企业创新活动的组织形式、沟通方式、工作氛围等，而上述企业行为受企业创新文化的影响又会反

---

① 李春播：《民营企业创新路径选择》，《合作经济与科技》2014年第7期；潘佳、刘益、王良：《企业技术创新与企业社会绩效关系实证研究——基于国有企业和民营企业的分类样本》，《科技进步与对策》2014年第13期；杨艳妍：《坚持科技创新助推民营企业二次创业》，《沿海企业与科技》2014年第3期；张斌、陈岩：《企业类型、所有权集中度与创新研究》，《中国科技论坛》2014年第8期；张淑欣：《民营企业自主创新障碍及对策》，《合作经济与科技》2014年第19期。

作用于新的企业文化的形成，最终形成企业的正式制度或非正式制度。企业各种决策行为都是建立在企业信息的基础上，企业内部信息沟通顺畅、及时有效，企业决策的反应速度就快，创新活动就更加适应市场需求的变化。

从工作绩效来看，民营医药企业实施内部协同创新的目标就是要实现既定成本下的利润最大化或既定利润下的成本最小化。内部协同就是让企业的每一个部门围绕"技术—市场"的理念，准确定位自己在创新过程中的作用，比如自己的部门或工作是利润中心还是成本中心，从而实现创新管理协同的经济目标。企业也要根据自身创新战略选择合理设定奖惩标准，调动研发部门的积极性和支持部门的主动性。比如，企业的创新战略是专利新药的研发，那么企业的奖励措施就要针对专利药的研发成果，其他企业的创新战略是工艺流程的创新，那么整个奖惩标准的制定就要面对药物生产工艺流程等开发过程。

从企业组织构架来看，民营医药企业创新要提高决策能力和反应速度，就必须保证企业组织的开放性与灵活性。企业组织僵化是阻碍企业创新发展的主要因素，但应该把僵化与稳定性区分开来看，企业组织构架稳定可以长期保持企业在创新过程中的领导地位，使创新思想能够在组织中得以传播和流动，这正是创新活动过程中的重要组成部分。企业创新组织形式取决于创新的类型和程度，我国民营医药企业正处在迅速成长期，企业的规模通过兼并重组不断扩大，并相继建立起自己的研发中心，我国民营医药企业正从简单仿制模式走向自主研发模式，因而我国民营医药企业会逐步采用扁平式的组织构架，在项目化的管理构架中也多采用矩阵式管理模式、事业部型的管理模式。人是创新活动中最重要的组成部分，与人相关的因素广泛地影响着创新活动的开展，如企业高层领导的重视或者说是企业家的创新意识直接影响着企业的创新活动，研发人员与管理人员的专业背景、工作经验、学历构成、性格特点、年龄结构等都对企业研发活动产生着影响，如选择年龄相近、学历及工作经验背景相近的工作人员便于沟通协调，工作位置接近便于沟通协调，通过轮换岗位增加各部门之间的了解便于沟通协调，以上因素都会对民营医药企业的研发活动产生积极的影响，反之则阻碍了企业研发活动的开展①。

### 二 外部影响因素

从哲学意义上看，事物的变化是内外因共同作用的结果，事物的内因起决定作用，外因通过内因作用于事物的变化。因此，民营医药企业内部协同创新也会受到来自企业外部诸多因素的影响，民营医药企业内部协同创新也要适应外部环境的变化。

企业创新面临的、能够对内部协同机制产生重要影响的外部环境变化主要来自三个方面，即同业竞争者、政府及市场②，如表4-2所示。

---

① 张雨蒙：《机构投资者对民营企业技术创新的影响》，《经营管理者》2014年第20期；王立军、朱欢乔、叶序友：《浙江民营企业创新文化培育研究》，《学会》2011年第4期；黄晓榕、梁小红：《民营企业内部创新机制的缺陷及对策》，《福建教育学院学报》2011年第1期；叶帆：《民营企业自主创新障碍及其对策》，《科技和产业》2010年第2期；陈淑华、周琳：《民营企业文化与创新》，《金融理论与教学》2002年第2期。

② 李江天、夏海力、乐岭：《论企业文化对民营企业创新的推动作用》，《科技进步与对策》2000年第4期。

表 4 - 2　　　　　　　　外部协同创新影响因素

| Ⅰ 同业竞争者 | Ⅱ 政府 | Ⅲ 市场 |
| --- | --- | --- |
| 竞争者的发展战略<br>竞争者技术水平<br>竞争者的研发模式 | 政策<br>法律<br>财政 | 市场结构<br>市场发展速度<br>市场准入<br>市场集中度 |

从同业竞争者的角度看，企业的创新战略与之有着密切的联系。企业自身的创新行为除决定于自身战略定位外，重点要了解同业竞争者尤其是主要竞争者的发展战略。竞争者技术水平的高低、研发模式的选择，都是企业重点考察的要素。民营医药企业根据上述创新战略要素，构建自己内部的组织构架、文化制度、人才战略等[①]。

从政府管理的角度看，与民营医药企业内部协同创新机制建立有关的组织构架，企业制度、人才战略等都要与政府相关政策与法律相衔接。比如，政府在医药制造业推行的质量管理体系，企业在构建自己的研发中心、生产车间及管理制度时必须按照国家乃至国际标准，否则企业的生产活动或产品就不可能获得相关批准或市场认可，创新的效率就无从谈起。同样，国家给予企业的创新类财政补贴或创新活动奖励，大多带有政策性倾向，协同创新机制如无法符合政府的相关导向型政策，企业也就得不到相

---

[①]　张翠苹：《我国民营企业员工激励机制创新研究》，《企业管理与科技（上旬刊）》2015 年第 1 期；张琰飞：《新兴技术研发主体间协同创新效应实现机制研究》，博士学位论文，中南大学，2014 年；梁永郭、孙婉琳：《我国民营企业的创新发展策略》，《开封教育学院学报》2014 年第 9 期。

应的财政支持①。

从市场的角度看，大量的企业实践表明市场集中度高企业的创新活动就活跃，且企业内部的协同度就越高。其次，市场准入越高的市场企业内部协同度就越高、协同效应就越大。再次，市场变化越快的市场，企业内部的协同度就越高、协同效应也大。综上所述，从市场角度来讲，在垄断或近似垄断的市场里，企业创新的协同度高于非垄断市场，这是因为在垄断行业中企业规模大、硬件设施及管理制度完善、人才团队完备，较容易实施内部协同战略。而在快速变化的市场中，企业面临市场及竞争者的双重压力，压力转变为动力，成为企业内部协同创新的推动力。因此，为使民营医药企业内部协同创新机制真正地发挥作用，民营医药企业应该适应外部环境的变化，加快兼并重组的步伐，从而实现企业规模经济，实现内部协同效应②。

## 第三节　民营医药企业内部协同
## 创新机制的形成

民营医药企业内部协同创新机制的形成是一项系统的过程，它是由一系列子系统构成的，主要包含四个子系统：

---

① 张建生：《我国中小型医药企业持续发展战略研究》，硕士学位论文，中国海洋大学，2008年；徐静：《民营医药企业人力资源管理问题与对策研析》，《通化师范学院学报》2011年第1期；王勇、廖淑雯、吴晓明：《民营医药企业并购战略问题探讨》，《中国药事》2010年第12期。

② 牟冲、姜彦福：《民营医药企业转型期发展战略的案例研究》，《北方经济》2003年第7期；黄虎：《医药企业文化建设研究》，硕士学位论文，山东中医药大学，2013年；李中秋：《我国医药企业研发模式改革研究》，硕士学位论文，东北师范大学，2012年。

### 一　民营医药企业内部协同创新机制的动力机制

民营医药企业内部协同创新动力机制是民营医药企业创新活动的驱动力和作用方式，它可以推动民营医药企业创新活动优质、高效地运行并为达到企业既定经营目标提供一种激励机制。从推动方式上分可以将民营医药企业内部协同创新动力机制分为推动机制和拉动机制，从推动主体上分可以将民营医药企业内部协同创新动力机制分为政府、市场、技术。

### 二　民营医药企业内部协同创新机制的实现机制

民营医药企业内部协同创新实现机制是在新产品利润的驱动下，民营医药企业从企业内部资源着手，优化组织构架、吸引高端人才、广泛吸引资金、加强信息交流不断促进企业推陈出新、提高企业核心竞争力的过程机制。

### 三　民营医药企业内部协同创新机制的运行机制

民营医药企业内部协同创新运行机制主要包括创新活动管理的组织构架、工作程序以及各种企业管理制度。一个良好的企业创新活动运行机制，可以使企业创新活动持续不断地以高质量、高效率的状态运行。

### 四　民营医药企业内部协同创新机制的保障机制

民营医药企业内部协同创新机制的保障机制是为内部协同创新机制运行提供各种物质与非物质条件的制度集合，它包含企业环境保障、组织保障、投入保障、人才保障和资源保障。

# 第四节　民营医药企业内部协同创新机制与其他创新机制的关系

## 一　民营医药企业内部协同创新机制的定位

医药企业的创新活动按照创新模式分类，可以分为：

（1）简单模仿，即对原产品不加任何改进，完全按照原有成分及工艺进行生产，具有投资少、风险小的特点。

（2）模仿创新，即对原有产品的改进与完善或增加产品新的适应症，这是一种产品追随策略，这种创新模式适用于具有一定规模，且具有相对完善的研发实力的企业。

（3）专利创新，即企业研发市场中没有的新药，这种创新投入大、周期长、风险高，因此只适合具有雄厚实力的大型医药企业[①]。

医药企业的创新活动按照研发主体分类，可以分为：

（1）外部购买，即企业自己无研发机构和人员，从企业外部购买技术专利或通过企业兼并获得技术专利。

（2）成立研发联盟，即企业与外部研发机构合作研发。

（3）自主研发，即企业完全依靠自身的研发技术、设备和人员，开发新产品。民营医药企业内部协同创新机制是一种创新管

---

① 张悦：《提升我国医药企业研发水平的对策分析》，《生物技术世界》2015年第2期；吴楠、姚金枝：《企业资本结构对融资效率影响研究——基于生物医药行业的经验数据》，《财会通讯》2015年第2期；曹明兰、罗炳锋：《基于知识产权保护视角探讨我国医药行业的发展》，《科技创新导报》2014年第1期；孟嘉：《浅析我国医药企业融资现状与对策》，《时代金融》2014年第8期。

理机制，它可以适用于不同的研发模式和研发主体①。它是一种管理方法和手段，可以促进企业内部研发资源的整合，激发企业内部创新的积极性，发挥企业资源的整体效应，实现企业内部的资源协同效应。民营医药企业创新活动是核心，内部协同创新机制是保障，如图4-1所示。

图4-1　企业内部协同创新机制的定位

## 二　内部协同创新机制与其他创新机制的关系

目前，对企业创新机制的研究侧重于不同的领域。产学研一体的创新机制是从创新纵向活动对创新资源予以整合，它包括技术研发、产品生产、产品销售等流程；产业或区域集群创新是一种横向创新机制，是在众多企业规模较小、创新能力不足的状态下，采取集体创造、共享成果的模式，集群中的企业集中各自的

---

① 尤璐、冯国忠：《我国医药企业技术创新 SWOT 分析》，《现代商贸工业》2014 年第 4 期；刘源、明慧：《医药研发创新激励的障碍与对策研究》，《现代商贸工业》2014 年第 7 期；吴捷、曹阳：《我国医药行业价值链研究文献分析》，《现代商贸工业》2014 年第 4 期。

比较优势，同时借助政府、供应商或第三方服务机构等外部力量最终形成合力的创新机制。

民营医药企业内部的协同创新机制与企业创新机制是相互补充、相互促进的关系，不是相互替代的关系。民营医药企业内部的协同创新机制既是一个系统的创新过程，也是一个专注于企业内部资源和要素的具有侧重点的创新系统，是创新过程中点与面的有机结合。

## 第五节　民营医药企业内部协同创新机理模型

根据民营医药企业内部协同创新机制的内涵和特征，构建了民营医药企业内部协同创新机理模型——企业内部协同创新螺旋机理模型，如图 4 - 2 所示。

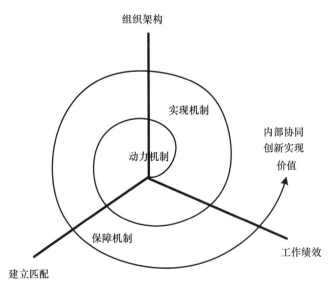

图 4 - 2　民营医药企业内部协同创新螺旋机理模型

　　民营医药企业的创新活动是企业实现最终价值的核心，企业内部协同创新管理可以有效地提升企业创新活动的价值、降低企业创新活动的成本，匹配、组织构架和绩效是民营医药企业内部协同创新管理的三个核心要素，民营医药企业的内部协同创新管理建立在三个核心要素基础之上，在动力机制、实现机制、运行机制和保障机制的支撑下，可以实现企业创新活动的持续增值。因此，将民营医药企业创新活动视为一个持续演化的过程模型，将民营医药企业的持续创新活动视为一个线性顺序的模型，将与创新活动相关的四个组成机制视为具有迭代特征的系统化模型，将线性模型与迭代模型结合起来形成民营医药企业内部协同创新机制的机理模型，如图4-2所示。

　　在图4-2中，螺旋线代表了企业周期性创新活动实现的价值，企业的创新活动既在原有基础之上又有新的突破，因此具有周期性螺旋上升的线状特征，企业通过持续的创新活动实现企业价值的不断增值；三个象限代表了企业内部协同创新管理的三个核心要素，正是通过对以匹配、组织构建和绩效为核心的企业资源的协同管理，才能实现企业内部协同创新管理的协同效应；而民营医药企业内部协同创新机制的动力机制、实现机制、运行机制和保障机制与企业内部各类资源密切相关，它与创新活动推进的每一个环节相关，通过协同机制的不断优化，保证了企业创新活动的顺利开展。

# 第五章　民营医药企业内部协同创新的动力机制

## 第一节　民营医药企业内部协同创新动力机制的内涵与特征

**一　民营医药企业内部协同创新动力机制的内涵**

所谓民营医药企业内部创新的动力机制就是指由企业内部与创新相关的各要素组成的创新动力系统及其相互作用机制。内部协同创新就是企业从其内部进行发掘可以使企业发展的因素，找出科技创新的出发点，然后把这些科技与企业的产品相结合，最终转化为企业活动的绩效。

构成民营医药企业内部协同创新动力机制的要素有：技术要素、市场要素、员工积极性、主动性、创造性要素、企业及各部门的需要和利益等多方面的因素。

**二　民营医药企业内部协同创新动力机制的特征**

民营医药企业内部协同创新的动力机制有着自己鲜明的特征，它们关系到动力机制对企业内部协同创新的影响方式和作用强度。

（一）动力因素的多样性

影响民营医药企业内部协同创新的因素有外部因素和内部因素，外部因素包含市场、需求、政府等，内部因素包含技术基础、部门或个人利益分配、企业或部门目标等，动力因素涵盖了技术层面和管理层面不同主体的多种因素。

（二）动力因素的多变性

在诸多动力因素中，许多要素一直处在不断的变化当中，这就需要企业内部协同创新机制具有高度的灵活性和柔性，可以不断地适应外部环境的变化，如市场因素、技术因素。

（三）动力因素的重叠性

影响民营医药企业内部协同创新的因素有外部因素和内部因素，不是单独作用于企业内部协同管理机制的，它们相互糅合，相互作用，共同促进企业内部协同创新系统的不断发展和完善。

# 第二节 民营医药企业内部协同创新的动力因素

## 一 理论动因

（一）技术创新的动力机制

纵观国内外研究资料，目前对技术创新的动力机制研究，角度各异，取得了较为丰富的研究成果。技术创新的动力机制有多种不同的类型，这主要是由影响技术创新的内部因素和外部环境因素造成的，技术创新的动力机制呈现出多样性。目前，常见的技术创新动力机制主要有以下五种类型①。

1. 技术推动型动力机制

技术推动被认为是最传统、最常见的技术创新模式。在这种模式下，企业的技术创新活动深受科学技术的影响，企业创新绩效的提升也依赖于科学技术的发明和突破。这种技术创新的动力机制主要表现为该行业相关的科学技术的发明和提升，企业把先进的技术运用到企业的发展中去，这样会极大地推动企业内外部技术的发展，推动企业创新活动的进一步开展，从而最终提升企业的创新水平和绩效水平。在这种模式下，一个关键的问题是企业如何把新技术整合到企业的生产中去，这就涉及企业自身的科技转化的能力。在这种模式下，推动企业创新活动的科学技术，一般具有原创性、基础性的特征，这是企业技术水平提升的基础。符合以上模式的企业技术创新动力机制被称为技术推动型动力机制。

2. 市场需求带动型动力机制

市场需求带动型动力机制强调企业技术创新的动力源泉来自市场需求，没有市场需求，就没有企业技术创新，这种模式主要是基于客户的需求。在市场需求带动型动力机制下，企业的技术创新活动的产生与发展，主要是受客户的需求影响。这主要是由于客户或者消费者决定了企业的发展，企业通过技术创新活动以及创新项目，生产出的新产品最终都要投向市场，迎合消费者或

---

① 杨玉静：《医药企业发展战略研究》，《商业经济》2014 年第 3 期；吴剑卿：《医药企业成本管理及会计核算创新方法分析》，《企业改革与管理》2014 年第 12 期；严小芳、韩武、张育粹、苏倪玲：《医药企业融资风险分析及应对》，《经济研究导刊》2014 年第 17 期；聂丽：《医药公司资本结构与经营绩效关系实证研究》，《中国卫生事业管理》2014 年第 8 期。

者客户的需求。消费者或者客户主要包含使用该产品的市场上的客户，也包括企业内部的需要这种产品的部门或者机构。美国著名的经济学家施莫克乐曾指出，技术创新（含专利发明）如果能够迎合市场的需求，就能够取得来自于市场的高额的经济利润，实际上这属于一种经济行为。美国麻省理工学院的著名学者马奎斯曾做过大量的社会调研，通过研究得出以下结论：社会上的超过 75% 的技术创新是由市场上的消费需求或者企业自身经营的需要而导致的，这正是市场需求带动技术创新。

3. 技术推动—市场拉动综合动力机制

技术推动型动力机制以及市场需求带动型动力机制的产生都是有着坚实的基础和依据的，但是这两种动力机制各自强调了技术推动或者市场需求的作用力，是单一的、片面。然而，从理论上分析，可以发现，一家企业之所以能够持续不断地开展技术创新活动，并不是只受一个因素的影响，应该从多个方面考察。国内外学者通过研究发现，将技术推动型动力机制以及市场需求带动型动力机制融合在一起，能够有效地解释技术创新的动力机制，形成了技术推动—市场拉动综合动力机制。在技术推动—市场拉动综合动力机制下，企业的技术创新是技术推动和市场拉动双重作用的结果，外部的科技创新与发明和市场上的消费需求以及企业内部的需求带动了企业的技术创新活动的开展[1]。

4. 技术规范—技术轨道动力机制

技术规范—技术轨道动力机制下，一些具有原创和基础性的

---

[1] 徐亮志、徐怀伏：《民营医药企业的竞争能力分析》，《时代经贸（下旬刊）》2008 年第 3 期；王淑玲、尹贞红：《民营医药的企业文化》，《医药世界》2004 年第 8 期。

新的技术发明或者突破，能够对人们的思维产生极大的影响，能够让人们改变以前原有的想法和思维，从而改变他们的行为方式。当人们的思维方式和观念被改变后，会逐渐变为人们所普遍遵守的技术规范，从而指引着技术创新活动的开展，并且这种技术创新活动会持续不断地遵循着这种规范进行。在技术规范—技术轨道动力机制下，技术规范决定着技术轨道，有了技术规范，企业的技术创新活动就能够沿着一定的技术轨道开展下去，并取得一系列的创新成果①。

5. 行政推力动力机制

在当今社会，技术创新的主体基本上以企业为主、以政府宏观管理为辅。不可否认的是，政府在企业的技术创新方面起着不可忽略的重要的推动作用，就正是行政推力动力机制下，企业技术创新的重要的动力来源。在一些政府参与度较高的国家，行政推力动力机制更为常见。一般情况下，政府负责制定科技政策或者计划，相关的科研机构研究开发新技术，而企业将该新技术加以推广，开展技术创新活动，研制新的产品，推向市场。在行政推力动力机制下，企业的技术创新活动受政府的行政推动影响较大，甚至一些行政推动能直接影响到企业技术创新活动的成败②。

---

① 胡天佑：《用科学发展观指导民营医药企业发展》，《市场周刊》2004 年第 10 期；刘顺吉：《当前民营医药企业文化建设中存在的问题及对策》，《通化师范学院学报》2005 年第 3 期；何文威、李野：《民营医药企业制度创新探析》，《医药世界》2005 年第 10 期。

② 刘雪梅、胡金波：《构建民营医药企业核心竞争力探析》，《国际医药卫生导报》2006 年第 23 期；高增亮、邱菁：《陕西民营医药企业融资现状及方案选择》，《现代企业》2009 年第 8 期；蒋毅：《中国制药企业新药创制战略研究》，博士学位论文，沈阳药科大学，2011 年。

（二）企业内部协同创新的动机

1. 合作创新

威廉姆森、拜多特和费舍尔等学者曾以合作创新的视角研究过技术合作。郭晓川在三人研究的基础上指出，契约是技术合作的基本条件，可以称之为基础，它实质上是一种技术交易。无形的特征是技术商品所具有的一种特性。技术交易会产生较高的交易费用，这主要是由以下原因造成的：机会主义存在于交易中，创新绩效具有较大的不确定性等。通过以上分析，可以发现实现技术交易的最好方式并非市场交易。技术和市场时刻都在快速地改变，因此，技术研发的成本是逐渐上升的，技术更新的周期缩短，频率加快，企业自主开发、自主创新会带来成本迅速提升的风险，并且会带来技术创新失败的可能性，因此，这不是最好的技术创新方法。技术具有无形的特征，这种特征使得建立一种新型的合作创新关系可以降低技术交易的成本。而这种新型的合作创新关系主要是基于重复交易以及相互信任下的密切交流、相互信任、分散风险、科学分配受益①。

美国著名学者 M. Kamine 和 N. L. Schuart Z. 通过研究，站在垄断竞争的视角详细阐述了技术创新的原理。两位学者定量分析了技术创新和市场结构两者间的数量联系，指出有三个因素影响技术创新。这三个因素分别是竞争强度、垄断强度以及企业的规模，并且在此基础上，创造性地阐述了中间市场结构

---

① 孙青春：《企业可持续创新的实现机理研究》，博士学位论文，昆明理工大学，2008 年；王东梅：《医药企业竞争力评价研究》，博士学位论文，华中科技大学，2011 年；宋苗苗：《我国医药企业社会责任法律制度研究》，硕士学位论文，新疆财经大学，2013 年；邓冬梅：《我国医药企业社会责任与企业绩效关系探析》，硕士学位论文，暨南大学，2005 年。

的假设。

目前的经济理论支持以下观点：企业之间的合作创新活动可以有效降低各自的交易成本，达到新技术的独享，所见服务支出，降低企业技术创新的风险，减少竞争，降低竞争强度并且能够产生规模经济。

企业内部子部门之间的协同创新是比较常见的一种现象。该种技术创新实质上属于技术合作创新。应该注意的是，合作创新不同于协同创新，前者关注要素价值的提升，后者不仅关注要素价值，还强调整体价值的提升，更具有全面性和全局性。

2. 网络组织理论

Willimaosn（1985）指出，治理结构有两种，分别是市场及企业，位于两者之间的混合组织具有不稳定性，这是交易成本经济学中的重要观点。随着社会的发展以及分工越来越细、越来越科学，社会上显示出相互合作共赢的关系越来越明显，竞争、替代的关系反而越来越弱化。Pwoell（1990）较有预见性地指出，网络不同于市场、企业，它能够使不同企业更加和谐，能够协调企业之间的关系，是一种重要的组织形式。在知识全球化的今天，知识越来越重要。网络组织对企业来说，具有强大的竞争力。在中国，企业集团、业务外包、战略联盟是常见的网络组织形式，且近几年越来越多。

在社会学中，网络组织研究较为成熟，它主要具有多视角以及多特征性。国内外学者对网络组织的特征及内涵做了大量研究，他们研究的角度和侧重点各不相同。随着社会分工越来越细，每一个企业构成了社会分工中的一部分，且该企业从事的该部分与社会上其他企业从事的部分相互联系，密切结合，因此，互补关系在这种社会分工中，企业之间体现得更为明显。资源具有一定的依赖性，企业之间的关系具有一定的互补性，导致了网络组织的产生与发展。企业的信息流是迅速流动的，基于这样的一种情形，企业与环境以及企业组织内部各部门之间需要密切沟通交流，实现信息之间的快速交换。网络组织实质上是一个有机系统，它能够随着环境的改变而发生变化。网络组织中，其各组成部分是相互联系的，在市场中的各方主体之间彼此博弈，并且相互信任，网络组织是一个整体。网络组织存在于社会关系网络以及社会经济文化制度之中，并与此密切联系，密不可分。网络组织由于加强了企业之间的联系，增强了企业之间的合作力度，从一定程度上减少了交易成本，并凸显出其具有高激励性①。

生命力是组织的一个特征，网络组织作为组织的一种类型，也具有生命力。通过分析发现，节点在网络组织中起到决策和信息处理的功能，是网络组织不可或缺的重要组成部分。对于企业来说，内部各个部门就是其节点。企业内部创新网络具有自身的特有功能和特性，同时，也具有网络组织的一般特征。

企业内部创新网络是一个不断变化的综合性系统，主要依靠网络中的各个节点实现信息沟通与交流，以此提升组织的协同创新能力，能使企业协调并处理不断变化的外部环境，应对各种不确定性。

总而言之，企业内部需要一定的协同创新，而这些创新使

①　马建新：《民营科技企业综合创新研究》，博士学位论文，大连理工大学，2003年；佟石：《基于价值网络的我国医药企业创新集成管理研究》，博士学位论文，复旦大学，2004年。

得企业内部呈现出非平衡状态，为企业的技术创新活动创造了比较适宜的创新环境，有利于企业的技术创新，推动企业的发展。

## 二　外部动力因素

### （一）市场需求

要满足市场需求，技术创新可以说是一种最基本的方式，也即是说，公众的刚性需求是技术创新的重要助推剂。D. Marquis 等通过五百多项的技术创新案例研究分析，发现其中75%的案例符合上述情况，仅有不到20%的案例是由科学技术自身的发展所导致的。因此，对创新需求的认识要比对技术能力的认识更重要，市场需求才是激发社会技术创新不竭的根本动力所在。

### （二）市场竞争

企业为了追逐利益取得明显的竞争优势，必然会不断寻求新的突破，技术创新就成为多数企业获得绝对市场优势的必要手段，企业的竞争行为必然也会带来技术创新。不管是从现实的利益还是以长远的眼光来看，技术的竞争已经是社会发展不可或缺的组成部分，竞争已经成为市场经济下激发技术创新必不可少的方式。

### （三）政府

企业创新面临的风险较高，需要巨大的投入，并表现出一定的非独占性，所以，由市场导致的创新，从某种意义上说，并不一定是社会最优水平上的创新。政府通过两方面的管理，可以有效地减少这种差距，即：第一，通过各种途径和方法，保护企业的创新行为；第二，制定相应的经济政策以激励企业的创新行为。目前，政府常常采用优惠政策以及举办形式各异的教育活动来激励、带动企业开展技术创新活动。

### 三 内部动力因素

企业协同创新的内在动力要求对于企业来说是至关重要的。它构成了企业创新的动机以及创新行动的基石。由于部分企业缺乏相应的创新内在要求，因此，导致了部分企业在创新动力方面有所欠缺。外因通过内因起作用，如果企业自身没有了创新需求，那么外界刺激就不起作用。由此推断，企业的创新需求越强烈，企业的协同创新动机也会随之增强。创新存在于企业协同创新活动的始终，起到相应的推动作用。

民营医药企业的内部协同创新内部动力因素由以下几部分构成①：

（一）创新主体

协同创新依赖于企业，企业是其主体。企业应该具备创新自主权利，只有这样才能引导企业组织协同创新活动。相反，如果不具备创新自主权利，主动创新行为就很难发生在企业中，由创新带来的收益也会大大减少。例如，在国有企业的改革中，提升其创新能力的关键取决于科学而有效地将所有权和经营权分离。

---

① 汪蕾：《浙江民营企业技术进步途径及相关因素研究》，博士学位论文，浙江大学，2006 年；刁天喜：《我国制药企业技术创新战略选择问题探讨》，博士学位论文，中国人民解放军军事医学科学院，2007 年；关伟：《企业技术创新研究》，博士学位论文，东北财经大学，2006 年；汤石雨：《企业创新动态效率的演化机理及测度研究》，博士学位论文，吉林大学，2008 年；雍兰利：《基于创新路径的我国制药企业自主创新实现机制研究》，博士学位论文，天津大学，2007 年。

因此，应该首先将企业变为创新的主体，使其具备创新自主权利，才能激励企业提升创新意识，从而促进企业进行各种协同创新活动。

（二）内部创新能力

企业协同创新能力，从本质上看，是一种取得创新收益的能力，这有赖于企业调动各种可能的资源。如果企业协同创新能力能够有效地与企业利益目标吻合，那么将会极大地促进企业协同创新，提高企业协同创新的能力。第一，创新精神对于企业的技术创新至关重要，企业家及企业群体的创新意识是企业最为重要的创新精神，对企业创新有重要的影响。第二，企业必须拥有一定的物质保障，只有这样才能保证技术创新的正常开展。第三，企业需要有高水平的科研人员，科研人员是企业开展协同创新的主体，也是成败的关键。

（三）创新利益的激励

企业利益包含企业协同创新利益。所谓协同创新利益，主要是指依靠协同创新所取得的收益或者满足。企业的协同创新利益目标有一个达成的过程，其从本质上说，就是企业追求协同创新的过程。所以，公司的创新利益可能会影响与企业协同创新动机相关的企业创新行为。如果存在一项创新项目能够为企业带来巨大的创新利益，那么就会主动选择和开展该项创新，当该项创新获得一定的利益后，会激发企业继续开展协同创新活动，形成良性循环。

（四）企业目标结构

创新需求强度受到企业目标结构的影响，如果两者在本质上相近或者相似，那么企业的创新需求就会越强烈，同样的道理，当创新需求与目标结构不相容时，创新需求很难在企业里产生。企业目标有多重表述，有人认为是利润最大化，也有人认为是股东财富最大化，另外，产值最大化的观点也有学者支持。依据上述企业目标中的第一种观点，论述企业目标结构与技术创新的关联强度。

依据企业目标的相关理论，企业目标的第一种观点可以分为两个阶段，分别是短期和中长期。如果一家企业关注的是短期利益，那么很难投资于加大的工艺创新，这类企业往往会尽量减少投资成本，维持现有的技术和产品格局，在此基础上，深入开发已有的技术、要素，达到技术创新的目的，降低生产成本。追求短期利润的企业，比起创新，更加倾向于选择其他更加有效、快捷的途径获取利润。因此，如果以短期利润为目标，那么，突出的是以获取利润为动机，而不是技术创新动机。

企业如果以获取中长期利润为目标，那么便不会计较短期的经营成果，甚至，必要时，放弃企业的短期利润，增加企业的资本积累，从而可以较大程度地提升生产工艺水平。当生产工艺水平提升后，就会使得企业生产成本降低，产品的质量得以提升，新产品也会不断问世，从而在激烈的市场竞争中占有一席之地，保证企业的利润能够在未来中长期的时间内稳定增长。因此，如果企业目标是中长期的，就与协同创新有了较高的耦合度，是非常有利于催发协同创新需求的企业目标。在采取多元化战略的企业，企业的目标体系结构，特别是其中的优势目标与协同创新的相似度决定了技术创新需求的强弱。

（五）企业利益结构

企业目标能够集中体现出企业的利益，而后者决定了前者。

企业经济利益集中体现于企业创造的净产值，而经济利益优势是企业利益的重要体现。企业是有相互联系但又有一定独立性的利益群体构成的社会组织，由此可以推断出，企业利益结构是企业利益的体现。

所有者、经营者以及企业的员工是企业利益群体的主要构成因素，但是他们的效用目标是各异的，利益目标存在冲突的可能性。所有者、经营者以及企业的员工在企业的收益分配中所占的份额存在此消彼长的关系，当然，也存在利益相一致的情况。如果企业收益增加，那么按照一定的分配比例在三者之间分配，三者的收入定会增加。企业的利益结构由所有者、经营者以及企业的员工在组织内的联系及占份额的大小构成。在企业中，占优势的利益主体起到支配作用，尤其是在企业的决策中，因此，该优势利益主体对企业目标起到至关重要的作用。例如，如果在企业中职工利益占主要优势，那么企业往往会形成以职工利益最大化为目的的企业目标，这显示出明显的短期性，对企业创新动机的培育产生极大的负面影响。企业的所有者和经营者看重的是企业的长远利益，并且在企业中处于支配地位，往往追求的是利润最大化目标。企业的资本所有者雇用经营者经营企业，经营者为其提供服务，因此，经营管理者的目标便是为企业获取利润，而这样的目标是与技术创新相容的，对企业创新动机的培育和发展有着积极的影响。

## 第三节　民营医药企业内部协同创新
## 动力因素的相互作用

民营医药企业内部协同创新动力因素也是相互作用协同发

展的。在内外部影响因素中有的因素起到拉动作用，如市场的需求，是企业内部协同创新的根本动力，企业的创新活动归根结底是为适应市场的变化，生产出适销对路的产品，再如企业内部要素中的企业利益要素也是起到拉动作用，企业存在的价值是盈利，只要市场中存在盈利的机遇，企业便会努力地去达到相应的市场目标。同时，在内外部影响因素中有的因素起到推动作用，如政府因素，政府为企业的生存与发展提供政策支持，企业的创新活动除了受企业自身生存与发展的促进外，政府也会推动企业适应市场，发挥企业的社会价值，再如市场竞争因素，它也会推动企业不断发展创新，没有竞争，企业就没有创新发展的动力，只有在市场竞争的环境中企业才有生存危机，才会不断地超越自己超越别人，最终实现自己的经济价值和社会价值。

## 第四节　民营医药企业内部协同创新动力的综合集成

民营医药企业内部创新动力系统受到企业内部和外部资源及主体的共同影响。内因是核心动力，外部因素通过内部因素间接影响到企业内部协同创新机制的运作。

在诸多外部因素中，有些外部要素如市场情况的发展变化首先会反映到企业的市场部门，再由企业的市场部门传递到研发部门；但市场中的政府层面的许多政策因素的影响可能会直接影响到企业的内部协同创新活动，如图 5-1 所示。

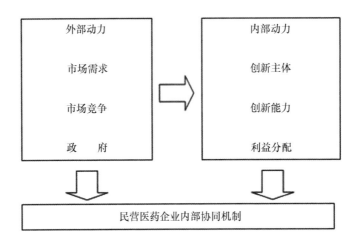

图 5-1　企业内部协同创新动力机制综合集成

# 第六章 民营医药企业内部协同创新的实现机制

## 第一节 民营医药企业内部协同创新的实现条件

### 一 制度激励

S. Zulnaksi（1996）认为，缺乏激励会阻碍在企业内最佳实践的转移。Nahapiet 和 Ghoshal（1998）将受激励程度作为智力资本交换和组合的重要条件之一。借鉴 O'Dnonen（2000）对各种激励机制的因子分析结果，以及 Gupta 和 Govindarajan（1986）对激励的度量，选择对子公司管理者的激励（财务和非财务）和对子公司本身的激励三个项目来度量对协同创新的激励机制。

无论在日常生活中还是在企业组织里，人们总是根据既定的目标采取自己的行动，他们不会漫无目地或毫无根据地采取行动，企业员工的行为同样具有自己的指向性，从人的本性来讲他们是不会无缘无故为企业做贡献的。这就需要企业在推行制度的时候要同时推出与该制度相关的激励机制，只有这样才能激发员工的主动性和积极性。

激励机制提高了企业员工参与协同创新的积极性。企业从研发到销售、从生产到后勤管理，整个过程涉及多个部门、环节复杂，企业的领导或监督部门很难监管每一个流程、每一项任务，因此需要通过制度激励来使企业员工自觉主动地执行协同创新机制[①]。

## 二　制度协调

协调机制直接关系到民营医药企业内部协同创新的效率。计算机和网络等 IT 基础设施的应用加速了知识转移、信息沟通和跨职能协同的效率（Clark & Fujjmoto，1991；Maidique，1950；Roberts，1977）。基于项目的跨企业边界团队是进行企业间合作创新必要的一种形式（Hobday，2000）。增加组织成员之间的非正式沟通或是开展一些集体活动也是促进协同的一种途径。对企业内部协调机制的研究还有很多，本书选择了对企业内部协调活动具有重大影响的协调机制，如 Galbraith（1973）、Ndaler 和 Tushmna（1987），以及 Gupta 和 Govindaraj（2000）、O'Donnell（2000）的度量方法，分别采用专业协调委员会、临时协调团队、专职协调员岗位、组织内非正式沟通、组织之间社交活动、定期或不定期部门会议、不同背景的员工横向调动和计算机信息技术等方法提升企业内部协同度和协同效应。

---

① 邹鲜红：《我国医药制造业技术创新效率及其影响因素研究》，博士学位论文，中南大学，2010 年；刘消寒：《企业文化、企业创新动力与创新能力的关系研究》，博士学位论文，吉林大学，2011 年；邱建华：《企业技术协同创新的运行机制及绩效研究》，博士学位论文，中南大学，2013 年；杨俊祥：《基于知识管理的民营科技企业技术创新能力研究》，博士学位论文，天津大学，2012 年；张素平：《企业家社会资本影响企业创新能力的内在机制研究》，博士学位论文，浙江大学，2014 年。

## 第二节　民营医药企业内部协同
## 创新的形成过程

企业的管理制度是由企业管理的现实需求决定的。首先，医药企业的研发过程复杂、周期长、占用资源数量和种类多，因此，医药企业的研发过程需要技术与管理团队的紧密配合、需要企业各部门的紧密配合、需要企业员工的积极参与，要使涉及如此多资源的研发组织体系有效运转，协同管理是一种有效的手段。其次，民营医药企业经过多年的发展，通过自身积累和不断的收购兼并，民营医药企业规模越来越大，管理程序越来越复杂，急需建立现代企业管理制度，以提高企业的管理水平、增加经济效益，这又为民营医药企业内部协同创新机制的建立提供了现实需求[①]。

民营医药企业内部协同创新机制的建立需要一套科学、完整的建立过程。机制的建立要从企业的实际出发，根据管理需求制定制度的构架和内容。制度的建立需要一定的前瞻性，但大大超越或低于现实需求的制度不能真正起到激励或制约作用，企业制度流于形式，降低了企业管理制度的权威性。

在内部协同创新机制建立之前，要明确定义机制的含义、功能和边界，明确制度管理的范围和实施、监督机构，在此基础上设计

---

① 张琼妮：《网络环境下区域协同创新平台模式与机制及政策研究》，博士学位论文，浙江工商大学，2014 年；刘素坤：《中国制药产业技术创新激励效应研究》，博士学位论文，东北财经大学，2013 年；王丽芳：《公司治理对企业技术创新的作用机理及实证研究》，博士学位论文，东华大学，2014 年。

整个内部协同创新机制的各项制度，然后由专业委员会及各职能部门共同审核制度的可行性，不符合制定需求和定义的制度需重新制定，将制定好的、符合要求的企业内部协同创新机制与现行企业制度相融合。然后，对内部协同创新机制进行加载试运行，再根据运行结果决定是否修改各项制度直至符合企业需求最终投入使用。民营医药企业内部协同创新的形成过程如图 6-1 所示。

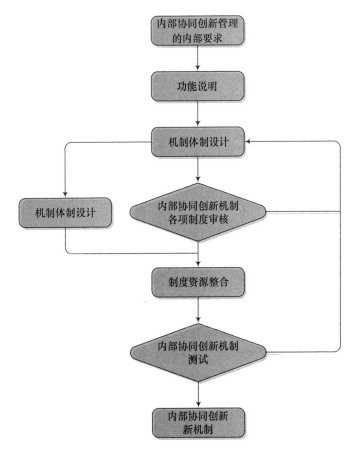

图 6-1　企业内部协同创新的形成过程

## 第三节 民营医药企业内部协同
## 创新的协作方式

民营医药企业内部协同创新的实现是依靠企业制度实施和保证的。企业的内在制度分为正式制度和非正式制度，因此民营医药企业内部协同创新的协作方式分为正式制度型协作方式和非正式制度型协作方式。

### 一 正式制度型协作方式

正式制度型协作方式是指企业建立以内部协同创新机制为核心的一系列管理制度体系，包含部门和岗位职责制度、人力资源制度、财务制度等。企业的内部协同行为按照制度规范化管理，所有管理制度公平、公正、公开。企业的内部协同创新管理是一个动态系统，当企业实际管理发生问题而现行制度无法解决时，新的管理制度就会应运而生，形成一个良性循环的过程。

### 二 非正式制度型协作方式

在企业中，非正式制度对企业员工和部门的运行有着重大影响力。企业系统是一个由人组成的组织，除正式组织的约束外，还受到企业文化、思想道德以及个人不同背景的深刻影响，它是在企业内部组织成员之间自发形成的、不以人的意志转移而转移。企业的正式制度是冷酷的，而非正式制度是温暖的，它可以成为组织成员相互交流、传递信息、发泄情绪、提高企业凝聚力的重要途径。非正式制度利用得当，可以与正式制度相辅相成，激发企业员工参与协同管理的积极性和主动性。

## 第四节　民营医药企业内部协同 创新的实现形式

民营医药企业内部协同创新机制的实施要依靠与企业内部的组织构架，但不仅仅依靠既有的组织系统。因此，为提高企业内部各部门之间的协同度和协同效应，在企业内部成立协同创新委员会。该委员会的职责就是检查企业各部门的职责履行情况、调查内部协同创新过程中所出现的问题，提出解决方案并负责解决方案的检查和效果评估。委员会要由企业总负责人牵头，以保证委员会的工作力度和权威性。委员会下设立项目管理办公室，负责一个或多个研发项目的协同调度。每一个研发项目都配有专职项目协调主管，负责本项目的协调。当遇到多个项目之间的协同调度时，由项目管理办公室负责整体调度。在项目研发阶段，企业各职能部门选派一名工作人员参与到项目协同调度中，负责传递决策信息反馈方案执行效果[1]。如图6-2所示，完善内部激励制度，推进利益分配的合理改革，创造良好的内部动力环境。

---

[1] 李飞:《创业导向的产学协同创新机理研究》，博士学位论文，浙江大学，2014年；梁益琳:《创新型企业成长、融资约束与信贷策略研究》，博士学位论文，山东大学，2012年；陈力田:《企业技术创新能力演进规律研究》，博士学位论文，浙江大学，2012年；许朋飞:《企业内部协同创新要素分析》，《合作经济与科技》2015年第1期；孙寅生:《论社会发展的协同机制》，《求实》2015年第1期；谢宗晓、林润辉、李康宏、丘东:《协同对象、协同模式与创新绩效——基于国家工程技术研究中心的实证研究》，《科学学与科学技术管理》2015年第1期。

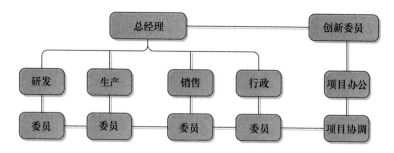

图 6 - 2 民营医药企业内部协同创新机制的组织构成

# 第五节 民营医药企业内部协同创新 协同效应的测度

## 一 测度指标体系

（一）指标确定的原则

1. 指标选取客观性

指标的选择不主观臆断，要根据企业协同创新的实际情况设立。数据信息必须来自实际调研，不可任意设定甚至编造，客观的数据才能得出符合客观实际的结果，才可以成为系统优化、企业管理改进的依据。

2. 指标选取可衡量性

指标选取的可衡量性主要指的是指标的设立要尽量满足可以被量化的要求。只有可以量化的指标才可以运用到定量分析工具中，才可以科学准确地反映企业协同体系中的相关关系或因果关系。对于系统中的某些软性指标、不可直接量化的指标可以采用优劣分析或强度指标进行分析。

3. 指标选取可比性

指标的选取要具有可比性，只有可比性的指标才能反映出企业制度实施的结果的变化，才能发现协同创新系统的问题所在，为系统优化提供目标。

4. 指标选取整体性

协同管理的指标选取要从企业协同创新的整体出发，指标的选取应该可以反映企业协同创新系统的整体特征，这样对协同性的评价才符合协同的内涵。

（二）指标体系的建立

根据上述指标确定原则，构建民营医药企业内部协同创新协同度定性指标体系，如表6-1和表6-2所示。

表6-1　民营医药企业内部协同创新的协同度的定性指标

| 指标类别 | 指标名称 |
| --- | --- |
| 匹配 | 创新活动与战略的相关性 |
| | 战略目标的理解和执行程度 |
| | 创新型的企业文化 |
| | 资源共享 |
| | 各种非物质激励 |
| 非财务绩效 | 企业在行业中的地位 |
| | 企业品牌知名度 |
| | 产品品牌知名度 |
| | 客户满意度 |
| | 客户忠诚度 |
| 组织 | 组织横向沟通 |
| | 组织纵向沟通 |
| | 组织扁平化程度 |
| | 组织结构的灵活性 |
| | 正式沟通与非正式沟通 |
| | 创新协调委员会 |
| | 跨专业跨组织沟通 |

表6－2　　民营医药企业内部协同创新的协同度的定量指标

| 指标类别 | 指标名称 | 备注 |
|---|---|---|
| 投入指标 | 研发融资规模<br>研发人员数量<br>研发人员投入比率<br>研发费用<br>研发费用投入比率<br>研发人员培训投入<br>管理人员培训投入<br>新产品市场开发投入 | |
| 过程指标 | 研发融资成本<br>研发资产的利用率<br>新产品的开发周期<br>新产品的生产成本<br>新产品的生产成本比率<br>新产品的生产费用<br>新产品的生产费用比率 | 新产品成本/总成本<br>新产品费用/总费用 |
| 产出指标 | 研发平台的资产规模<br>专利数量<br>技术改进数量<br>培养的科研带头人<br>技术论文数量<br>新产品数量<br>新产品产值<br>新产品销售利润率<br>新产品市场占有率 | 包含产品和工艺<br>包含产品和工艺 |

## 二 测度方法选择

在经济学或管理学领域中，经典的数量分析方法对分析数据的要求非常高，样本的规模、数据的概率分布、数据之间的相关性等，都会对分析的结果产生重要的影响。而灰色系统理论的灰色关联度分析可以不受以上条件的限制，同时，更具有以下特点与优势：第一，它适合于分析因子之间的发展态势；第二，它是建立在定性分析基础之上的定量分析；第三，它对于采用数据规模的大小没有严格要求；第四，它对原始数据概率分布类型不限，因素之间发展变化关系的类型不限，不管是直线性关系还是非直线性关系；第五，数据计算方法相对简单[①]。

考虑由 $n$ 个因素构成的 $m$ 个序列：

$$X_i = \{X_i(1), X_i(2), \cdots, X_i(n)\}, \quad i = 1, 2, \cdots, m$$

它代表评价对象，称为子序列。再给定相应的母序列：

$$X_0 = \{X_0(1), X_0(2), \cdots, X_0(n)\}$$

研究这 $m$ 个子序列与母序列的相对关联度。其计算步骤与方法叙述如下：

（一）对原始数据进行无量纲化处理

由于参考数列与比较数列单位不同或者初值不同，进行关联分析之前需进行无量纲化处理，目的是加强各因素间的接近性，增强可比性。其方法常用初值化、均值化和标准化变换，本书采

---

① 解学梅、徐茂元：《协同创新机制、协同创新氛围与创新绩效——以协同网络为中介变量》，《科研管理》2014 年第 12 期；申文智、刘升学、付跃龙：《基于灰色关联法的产业协同发展成熟度评价分析——以湖南省为例》，《经营管理者》2015 年第 1 期；张子龙、薛冰、陈兴鹏、鹿晨昱：《基于哈肯模型的中国能源—经济—环境系统演化机制分析》，《生态经济》2015 年第 1 期。

用均值化法，即数列中每个数据均除以该指标所有数据的均值。

（二）计算关联系数

第 $k$ 个指标，$X_i$ 与 $X_0$ 的关联系数计算公式为：

$$\xi_i(k) = \frac{\min\limits_{i}\min\limits_{k}|X_0(k) - X_i(k)| + \rho \max\limits_{i}\max\limits_{k}|X_0(k) - X_i(k)|}{|X_0(k) - X_i(k)| + \rho \max\limits_{i}\max\limits_{k}|X_0(k) - X_i(k)|}$$

式（6-1）

式中，$\xi_i(k)$ 为 $X_i$ 与 $X_0$ 在第 $k$ 点的关联系数；$|X_0(k) - X_i(k)|$ 为在第 $k$ 点 $X_i$ 与 $X_0$ 的绝对差；$\min\limits_{k}|X_0(k) - X_i(k)|$ 为在 $k = 1, 2, \cdots, n$，$X_i$ 与 $X_0$ 的最小绝对差，也称一级最小差；$\min\limits_{i}\min\limits_{k}|X_0(k) - X_i(k)|$ 为 $i = 1, 2, \cdots, m$ 时，在 $k = 1, 2, \cdots, n$ 点，$X_i$ 与 $X_0$ 的最小绝对差，也称两级最小差；$\max\limits_{i}\max\limits_{k}|X_0(k) - X_i(k)|$ 为两级最大差，其意义与两级最小差相似；$\rho$ 为分辨系数，$\rho$ 取值范围 $[0, 1]$，$\rho$ 值越小，分辨率越大，一般取 $\rho = 0.5$。

（三）计算关联度并排出关联序

用 $k$ 个点 $X_i$ 与 $S_j$ 的关联系数的平均值作为整个关联程度的量度，称为关联度 $r_i$。

即 $r_i = \dfrac{1}{n}\sum\limits_{k=1}^{n}\xi_i(k), (k = 1, 2, \cdots, n)$　　　　式（6-2）

由关联度的大小依次排序，即关联序。

## 第六节　民营医药企业内部协同创新优化

解决协同过程中的问题是民营医药企业内部协同创新系统优化的核心。持续改进的主要目标是消除引发问题出现的原因，以便同样的问题不会再次发生，如图 6 – 3 所示。

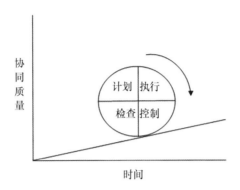

图 6 – 3　企业内部协同创新系统优化

### 一　民营医药企业内部协同创新的优化过程

第一步：企业内部协同问题的识别，管理层基于多种信息源并以共同认可的内部术语描述组织面临的问题。

第二步：组建协同问题解决团队，创建一个跨学科跨部门的团队，该团队由组织所面临问题联系较为紧密的个人组成，并授权该团队解决问题。管理层参与制定该团队的焦点任务，并公开表示对该团队提出的可执行解决方案的支持和认同。

第三步：定义问题，协同问题解决团队首先必须清晰地定义企业内部所面临的问题的性质和范围。在清晰定义之前要对企业协同流程做全面的调研。

第四步：创立新的协同绩效考核指标，企业协同流程的协同效应只有通过比较流程变革前和变革后的绩效指标才能得到确切的结果。

第五步：分析问题和流程，充分了解企业各部门之间错综复杂的协同关系，全面收集过程信息，在这一过程中收集到的信息将有助于协同问题的解决。

第六步：定位引发协同问题的原因，再识别引发问题的可能原因，并从中最终确定引发问题的根本原因。在问题定位过程中，积极引导团队每一位成员积极阐述新的建议，团队成员之间不能相互倾轧，要自由地发表自己的观点。在该过程中，不允许仅对某一问题进行无休止的争论、批评和评价。对收集的信息进行定性和定量分析最终找出引发协同问题的根本原因。

第七步：选择和执行最终确定的解决方案，对解决方案的选择要重点考虑以下四个方面的问题：一是是否有利于根本原因的解决；二是是否有利于预防此类问题的再次发生；三是核算协同问题解决的成本费用与收益；四是问题的解决必须及时。

第八步：方案执行的效果评估，解决方案执行完以后要在特定的时间段对方案执行效果进行检查、评估，根据问题解决前后的数据对比分析，确认阻碍协同的问题是否已经解决。

第九步：确保问题解决后绩效的稳定性，要按照新的协同流程对与之相关的工作人员进行培训。

第十步：对企业内部协同创新流程的持续改进，必须持续关注协同创新流程的变化，确保创新能力、生产能力和市场能力的持续提升。一旦一个问题解决了，另外的机会就被看成是新一轮的改进分析。

## 二　民营医药企业内部协同创新的优化方法

线性规划法是研究如何合理配置资源、提高资源使用效率的一种运筹学方法。线性规划方法不仅可以解决线性问题，通过对数转换还可以解决实际工作中的一些非线性问题。

运用线性规划法优化民营企业内部协同创新过程中的资源配置问题从而不断提高企业创新内部协同度和协同效应。其基本思路是首先从民营医药企业创新活动的综合收益中提炼出一个可以同时体现创新产品的新颖性与市场价值的实现性的主导收益作为目标，再将其他收益作为约束条件，建立民营医药企业内部协同创新过程的优化线性规划数学模型，经过计算处理，取得企业内部协同资源利用优化的结果。因此，民营医药企业内部协同创新优化配置模型就是求解一组企业管理过程中的内部变量 $X = (x_1, x_2, \cdots, x_n)$，它表示企业内部参与创新活动的部门或资源结构和数量，应满足约束条件：

$$\begin{cases} a_{11}x_1 + a_{12}x_2 + \cdots + a_{1n}x_n \leqslant b_1 \\ a_{21}x_1 + a_{22}x_2 + \cdots + a_{2n}x_n \leqslant b_2 \\ \quad\quad\quad \cdots \\ a_{m1}x_1 + a_{m2}x_2 + \cdots + a_{mn}x_n \leqslant b_m \end{cases} \quad \text{式（6-3）}$$

约束条件中的自变量（$x_1$，$x_2$，$x_3 \cdots$）分别代表企业不同系列产品的研发投入、费用、成本、生产成本、销售费用等，$b_1$，$b_2$，$b_3 \cdots$ 分别代表以上不同系列产品在约束条件中的约束值。并使目标函数

$$Z = c_1x_1 + c_2x_2 + \cdots + c_nx_n \quad\quad\quad \text{式（6-4）}$$

$Z$ 代表企业的经营效益，$c_1$，$c_2$，$\cdots$ 分别代表影响企业协同创新的自变量的优化系数。

达到最大，式中 $a_{mn}$ 表示 $m$ 个约束方程中第 $n$ 个变量的约束系数；$b_m$ 是第 $m$ 个约束常数；$x_n$ 是目标函数中第 $n$ 个决策变量；$c_n$ 是目标函数中的第 $n$ 个变量的系数。模型可以简记为：

$$\text{Max } Z = CX \qquad \qquad \text{式（6-5）}$$

$$\begin{cases} AX \leqslant B \\ X \geqslant 0 \end{cases}$$

$$C = (c_1, c_2, \cdots, c_n) \quad X = (X_1, X_2, \cdots, X_n)^r$$

$$A = \begin{bmatrix} a_{11} a_{12} \cdots a_{1n} \\ a_{21} a_{22} \cdots a_{2n} \\ \cdots \\ a_{m1} a_{m2} \cdots a_{mn} \end{bmatrix}$$

$$B = (b_1, b_2, \cdots, b_n)^r$$

# 第七章　民营医药企业内部协同创新的保障机制

民营企业内部协同创新机制的建立和运行离不开相互依赖、相互协调的一系列企业内部制度的保障，其核心就是通过制度安排激发企业的创造力、降低企业内部的交易费用，实现企业市场价值的最大化。同时，通过协同制度的建立可以在企业内部建立起一种长效机制创新保障机制并在企业内部形成明确的价值观。

## 第一节　民营医药企业内部协同创新的环境保障

民营医药企业内部协同创新机制同企业的生产经营活动一样处在一个复杂、多变的环境中。这个环境包含企业内部环境和企业外部环境。虽然本书建立的协同创新机制是指企业内部的协同，但外部环境的影响因素也会通过内部环境因素起到影响作用①。

---

① 董波波：《我国高校协同创新模式及运行机制研究》，硕士学位论文，安徽大学，2014 年。

第一，对于民营医药企业内部协同创新机制而言要建立其内部环境与外部环境的传导机制。当外部环境如政策、法律、经济等因素发生变化时，企业内部的环境因素可以迅速做出相应变化。如外部市场竞争日趋激烈时就要缩短新产品的研发周期、降低研发或制造成本、强化市场拓展；当行业内国家或国际标准发生变化时，要准确把握行业标准的指导方向，分析市场准确定位，推出适合新标准的产品等。企业外部环境因素通常是位于企业外部的不可控制的因素，是由企业在短期内不占主导地位的变量构成的影响企业管理活动及其发展的各种客观因素和力量的总和。企业内部环境因素通常是存在于企业内部的可以控制的一个因素，是由短期内主导企业的变量组成企业内部物质和文化因素的总和。企业经营的所有要素必须从外部环境中获取，如劳动力、材料、能源、资金、技术、信息等。没有这些因素，企业就无法开展生产经营活动。同时，企业的产品也必须在国外市场上销售：没有市场，企业的产品就无法被社会认可，企业也无法生存和发展。同时，环境可以给企业带来机遇和威胁，问题在于公司如何理解环境，抓住机遇并避免威胁。另一方面，公司是一个充满活力的社会组织，不仅被环境动态控制，而且还适应环境，影响环境，促进社会进步和经济繁荣。企业与环境之间的基本关系是在本地和整个基本结构框架内相互依赖和相互作用之间的动态平衡。因此，企业必须同时对企业的外部环境进行分析，并对企业的内部环境进行分析，以求更好地生存和发展。

第二，民营医药企业内部协同创新机制环境保障重点指的还是企业的制度建设。企业制度与企业的发展历程和所处的内外部环境有很大的关系，本企业制度的建立必然是在企业特定经验和行业特点的基础之上。因此，企业制度的建立、运行和发展完善是一个不断适应新变化的过程。市场在不断地推陈出新，企业也在不断地通过创新活动适应这种变化，为保证创新活动的持续开展和创新活动的绩效水平，企业内部需要实现协同创新。为使协同创新成为长效机制，显现出持续的螺旋式的上升状态，企业就要提供一整套完善的企业管理制度。这一整体完善的企业管理制度与内部协同创新机制共同构建了企业的内部环境。

第三，民营医药企业内部协同创新机制的关键因素在于人，人的行为方式取决于制度。企业建立完善的分配制度、激励制度，可以有效地调动员工或部门的积极性、主动性，以企业主人的姿态参与到企业研发的整个过程中，自觉履行自己的职责并敢于担当，主动与其他部门或个人沟通，以合作的方式完成企业创新工作。因此，企业制度的完善可以为企业内部协同创新机制营造良好的氛围，提供可靠的保障。

## 第二节　民营医药企业内部协同创新的组织保障

自 20 世纪 60 年代以来，大量研究结果证明，在宽松的企业组织构架中更容易实现创新活动或提高创新活动的绩效。米勒（1983）认为，具有灵活性的组织构架可以与企业创新活动相匹配，在企业内部与创新活动相关的各个环节需要协调、整合和协同①。企业组织结构在为企业创新提供保障的同时，自身也在不断地优化升级。只有这样才能适应企业内外部环境的变化，将企业内部资源协调整合起来，优化企业资源配置。

在国有或其他类型的企业构架中，这种协同创新所需的协调、整合只能通过正式的组织构架来实现，而在民营企业中由于组织机构更具灵活性可以利用非正式的组织构架来完成复杂的协同过程。这种正式组织构架与非正式组织构架相结合的沟通方式在民营企业创新活动过程中可以发挥更高的协同效应②。

总体而言，建立与民营医药企业内部协同创新机制相适应的组织构架需要遵循以下几个原则：

（1）企业组织构架与企业发展战略相匹配。企业的组织构架建设要为企业发展战略服务，能够支撑企业的持续发展。企业的发展战略尤其是企业的创新策略决定了企业组织构架的长度和宽度以及企业组织构架的柔性。明确各岗位的分工与职责，减少重复的工作职能，也要避免缺失的工作部分。要尽可能降低现有部门负责人的利益问题。找出影响公司运转效率的因素，做重点优化调整。要结合人力成本思考问题，为企业争取最大利益。

---

① 陶静媛：《企业内部要素协同影响创新绩效的理论与实证研究》，硕士学位论文，苏州大学，2014 年；马轶群：《并购协同效应研究》，硕士学位论文，内蒙古大学，2014 年；马威：《高技术产业内协同创新程度研究分析》，硕士学位论文，中国科学技术大学，2014 年。

② 解学梅：《协同创新效应运行机理研究：一个都市圈视角》，《科学学研究》2013 年第 12 期；洪银兴：《产学研协同创新的经济学分析》，《经济科学》2014 年第 1 期；胡昌明：《协同创新视角下企业高技能人才发展策略探讨》，《宁波大学学报》（人文科学版）2014 年第 3 期；陈志军、王晓静、徐鹏：《企业集团研发协同影响因素及其效果研究》，《科研管理》2014 年第 3 期；郑季良、郑晨、陈盼：《高耗能产业群循环经济协同发展评价模型及应用研究——基于序参量视角》，《科技进步与对策》2014 年第 11 期。

（2）企业组织构架有利于企业创新能力的提升。企业创新模式、途径、投入以及与之相关的决策等都与企业的组织构架相关。企业组织构架应符合企业创新活动的复杂性、长期性和高风险性，通过企业完备组织构架保障民营医药企业内部协同创新的实现。

（3）企业组织构架不能引起创新成本的增加。完备的组织构架是企业创新活动的保障，但不能一味追求组织构架的大而全。建立与企业创新活动相匹配的组织构架的核心是降低企业内部组织间的交易费用，提高企业创新绩效，反之，会降低企业创新活动的绩效。

（4）企业组织构架要符合企业资源优化配置的原则。在企业组织构架中，各个部门并不总是处在同等的地位上。在创新活动的不同环节、不同类型的创新模式或是研发过程的不同阶段，不同部门所起到的作用也是不同的。因此，企业在衡量资源配置时要充分考虑这样的特点，运用有效的组织构架确保企业有限的资源可以配置在最需要的组织部门中。

与民营医药企业内部协同创新机制相适应的组织构架策略：

（1）民营医药企业内部建立扁平化和网络化的企业组织构架。企业所面临的市场环境日趋复杂，创新活动的过程也日趋复杂。这就需要企业内部信息传递和经营决策的速度必须加快，只有扁平化的组织可以减少组织层级，提高企业创新活动对外部市场的反应速度，减少信息传递过程中的消耗，使企业决策更具针对性、时效性。

在企业组织构架中，不同的部门具有不同的工作职责，不同的员工具有不同的技能及性格特征，在这样的背景下，要使部门之间、员工与员工之间实现充分的沟通，并在这一过程中体现出积极性和主动性，就得利用网络型的企业组织构架，打破不同部门和不同背景员工之间的沟通障碍，促进企业部门和员工之间的合作，真正发挥企业内部的协同效应。

（2）在民营医药企业内部建立企业学习型组织。在企业创新过程中，协同机制的运行实际也是企业内部知识流动的过程，也是企业内部知识管理的过程。要提高民营医药企业内部协同创新的有效性，就必须让不同部门和员工了解不同工作的工作职责与流程，了解本部门或岗位工作的起点、终点以及对下一步工作的影响。通过组织内部的学习与交流，部门之间、员工之间加深了了解，提高了工作热情和主动性，营造了良好的协同氛围，对企业内部协同创新产生了积极影响。

## 第三节　民营医药企业内部协同创新的投入保障

资金是企业经营的血脉，对于医药企业而言产品研发更加需要大规模资金的支持，民营医药企业资金需求量大但融资渠道有限，民营医药企业创新更加面临融资困难的局面。因此，要从企业内部和外部共同着手增加资金的来源渠道，才能为民营医药企业内部协同创新提供足够的保障，协同创新制度才能有效地运转[1]。

---

[1]　解学梅、左蕾蕾、刘丝雨：《企业协同创新模式对协同创新效应的影响——协同机制和协同环境的双调节效应模型》，《科学学与科学技术管理》2014 年第 5 期；游士兵、惠源、崔娅雯：《高校协同创新中交叉学科发展路径探索》，《教育研究》2014 年第 4 期；马伟、王庆金：《协同创新视角下企业可持续发展研究》，《财经问题研究》2014 年第 7 期。

民营医药企业创新资金需求特点：

（1）企业研发资金需求大、周期长。医药行业在产品研发阶段需要大量的资金投入，不管是前期基础研究还是后期的产品开发都需要资金投入，只有当药品从技术上开发成功、临床试验通过、市场上获得认可的时候，才能开始收回投资，而这一过程可能要持续8—10年。

（2）企业研发投入风险高。医药产品研发具有很大的风险性，实验室中的科学实验具有概率特征，实验失败的概率可能要远远大于成功的概率。一旦实验失败该项目的前期投入将会变成沉默成本，据统计，我国药物产品研发的成功率仅有5%—10%，当然在一千次实验中如果实验成功一次，其市场的潜在价值也是巨大的。所以医药企业研发风险高。

（3）企业研发投入收益大。企业研发的收益和风险也是成正比的，在知识产权制度完善的条件下，研发风险高，其收益也高。所以，具备一定规模和实力的医药企业纷纷建立研发中心，逐步拓展自主研发的道路，追求收益的最大化。

（4）民营医药企业融资渠道单一。目前，民营医药企业的融资模式比较单一，除自有资金投入研发外，比较集中的融资模式还是银行贷款。在银行贷款中短期贷款的比重最大，中长期贷款比例相对较小。通过其他渠道如国家科技计划支持、风险投资、股权投资等现代融资方式筹措的研发资金比重就更小了①。

（5）民营医药企业融资成本高。民营医药企业的融资成本高与企业的民营属性有很大的关联性。社会主义市场经济在逐步地

---

① 余华：《企业创新网络中智力资本协同机制研究》，《中南林业科技大学学报》（社会科学版）2014年第5期。

完善当中，民营企业的地位和待遇也在逐步提高和改善。但是不可否认民营企业特别是民营在现代金融体系中的融资地位还是比较低的，同时民营企业自身的经营理念和治理结构方面也存在一些问题，如企业信息不公开、内控制度不完善、风险控制意识薄弱等，从而限制了民营医药企业的融资渠道的选择。所以融资渠道窄、信用体系不完备造成民营医药企业融资成本居高不下[①]。

为给民营医药企业内部协同创新提供必要的投入保障，民营医药企业必须改善自己的经营管理水平。

（1）采用传统增资方式向企业内筹措资金。通过向企业原始产权所有人定向增资扩股筹措资金以增加企业生产产品额度，激励研发机构自主研发水平，提高员工合作共赢的协同效应。

（2）积极利用股票、债券等资本市场筹措资金。积极利用股票市场、债券市场、私募资金甚至出售部分股权通过合资等方式筹措企业的研发经费，开拓新的资金渠道为企业内部协同创新提供投入保障。

（3）通过兼并重组的方式扩大规模。医药企业的研发和生产具有鲜明的规模经济特征。企业可以通过收购兼并等方法扩大企

---

[①]　田培杰：《协同治理：理论研究框架与分析模型》，博士学位论文，上海交通大学，2013 年；刘志华：《区域科技协同创新绩效的评价及提升途径研究》，博士学位论文，湖南大学，2014 年；汪良兵：《区域创新网络结构与协同演化研究》，博士学位论文，中国科学技术大学，2014 年；谢夫海：《住宅产业化协同创新影响因子与机制研究》，博士学位论文，中国矿业大学（北京），2014 年；余昆：《苏南区域协同创新研究》，硕士学位论文，江南大学，2014 年；俞大军、李军山、杨明、贺睿博、刘秋旭：《基于新制度经济学的产学研协同创新理论架构研究》，《科技促进发展》2014 年第 6 期；吕晨：《知识管理视角下的产学研协同创新模式研究》，硕士学位论文，武汉纺织大学，2014 年；解学梅：《企业协同创新网络与创新绩效的实证研究》，《管理科学学报》2010 年第 8 期；陈劲、阳银娟：《协同创新的理论基础与内涵》，《科学学研究》2012 年第 2 期。

业规模，取得企业需要的科研人才和专利技术、缩短研发周期和成本、扩大市场渠道，通过建立良好的信用体系，为企业筹措资金发展壮大提供坚实的基础，也为企业内部协同创新提供现实需求和有力保障①。

增加民营医药企业的融资渠道为企业内部协同创新提供投入保障也要注意以下三个方面的问题：

（1）企业资金使用不能盲目。一些民营医药企业一旦筹措到足够的资金就忘乎所以，随意花钱，在资金使用方面不注重资金使用效率，造成了资金的浪费。企业的融资应专款专用，用于研发的资金不可挪作他用，产品研发是企业的生命力，只有具备产品创新能力，民营医药企业才可以持续地发展壮大。

（2）注重企业信用体系的建立。民营企业筹措资金成本高难度大，获得资金支持后要充分利用好资金。企业只有依靠产品的不断创新赢得产品市场，在资本市场中才能树立起良好的企业形象，为企业的下一步融资打下基础。

（3）结合企业自身特色。由于企业融资成本高昂，企业在前期准备时必须首先确定公司融资需求。筹集资金过多，或者它可能导致浪费自由资金，同时增加不必要的成本，或者可能导致公司过度负债，导致运作困难并增加业务风险。如果公司没有筹集足够的资金，将影响企业融资的初始决策阶段。按照企业的需要、企业的实际状况、融资的复杂性和成本，确定合理的企业融资规模。

企业的诚信还体现在企业与员工的合作关系上。大型国有或

---

① 吴悦、顾新：《产学研协同创新的知识协同过程研究》，《中国科技论坛》2012 年第 10 期。

跨国企业依靠团队合作开展研发和销售，而民营医药企业对个人的研发能力和营销能力依赖较大。因此，如果在日常工作中由于企业的原因造成劳资关系紧张，势必会在员工中产生离心力，削弱了企业的核心竞争力，企业经营不善打开的资本市场的大门又会重新关上。

## 第四节　民营医药企业内部协同 创新的人才保障

　　人才因素是民营企业实现内部协同创新的根本要素。所谓协同关系归根结底还是人际关系的协同。舒尔茨认为，人力资源是企业持续发展的核心资源，是企业获得生产利润的主要来源，人力资源与企业的其他资源相比具有一个鲜明的特点就是资源的持续利用和开发。在研发岗位中，科技人员的聪明才智是企业创新的源泉，在企业内部协同创新管理中管理人员的才智也是企业内部协同创新系统有效运转的可靠保障。因此，对企业创新活动的内部协同管理必须根据人力资源的特点，制定符合企业创新战略的人力资源管理制度，充分调动企业员工的积极性和创造性，提高企业运营效率，为企业创造更大的利润空间，增强企业核心竞争力[①]。

---

　　① 孙冰、赵健：《技术创新协同研究综述》，《情报杂志》2011年第11期；甄晓非：《协同创新模式与管理机制研究》，《科学管理研究》2013年第1期；戚湧、张明、丁刚：《基于博弈理论的协同创新主体资源共享策略研究》，《中国软科学》2013年第1期；危怀安、聂继凯：《协同创新的内涵及机制研究述评》，《中共贵州省委党校学报》2013年第1期；洪银兴：《关于创新驱动和协同创新的若干重要概念》，《经济理论与经济管理》2013年第5期。

目前，我国民营医药企业中存在的人力资源问题：

（1）没有建立科学的人力资源管理理念。民营医药企业经过多年的发展与积累在人财物等方面已经取得实质性的发展，但在民营企业内部的人力资源管理中还没有完全建立起科学的管理机制，尤其是技术人员和中高级管理人员，因为这部分员工大多是跟随企业家共同创业或有着某种裙带关系的人，在企业内部管理上无法按照现代企业制度进行考核聘用，由此对外部优秀创新人才产生一种排外的力量，导致企业无法实现优胜劣汰，持续提升创新力和协同力。因此，这样的用人观念严重影响了企业员工的积极性、抑制了员工的创新欲望，阻碍了企业的发展。

（2）人力资源管理职能不明确甚至职能缺失。在许多民营医药企业中，人力资源部门仅是一个保存员工档案、签订劳动合同、发放工资的部门，人力资源部门中的工作人员可能也是其他部门的人员兼任的，人力资源观念问题和管理方法造成了民营医药企业人力资源管理职能不明确甚至职能缺失的现象。他们没有根据现代人力资源的特点采用科学的人力资源管理方法对工作部门、岗位进行分析，将员工当作资源来开发使用，造成了人才的极大浪费。员工工作技能与工作素养低削弱了民营企业内部创新协同效应。

（3）技术人才与管理人才队伍的稳定性差。无论是研发岗位还是管理岗位，人才都是核心要素。正是由于前面陈述过的相关问题阻碍了企业员工的发展，如没有公平的待遇、无晋升空间，当企业员工发展遇到瓶颈时便会产生离职的想法。而医药行业是技术密集型行业，无论在研发部门还是生产车间，技术优秀操作熟练的员工是企业持续发展的根本保障，员工离职特别是技术熟练的员工离职会给企业产生不可估量的损失。他们带走了技术、带走了市场，而留下的却是对现有员工的心理冲击，如不稳定感、不安全感等。

（4）没有建立有效的激励机制和绩效考核机制。绩效考核是人力资源部门的一项重要职能。员工工作成果必须经过评价和考核才能体现其价值。科学、公平、公正的评价会形成一种激励，激发员工的工作积极性和主动性。但是民营医药企业中部分企业缺乏这种科学的人力资源管理制度，人员任用、考核没有科学的程序，甚至夹杂着过多的家族和裙带关系，给企业的员工队伍带来了不稳定因素。考核结果本身是一种激励，但还不够，关键是用合理的激励制度，给企业员工一种价值观、一个发展的方向，用激励制度引导员工向着企业期望的方向前进。

所以，建立合理的激励制度和绩效考核制度是推动民营医药企业内部协同创新的重要保障。

（1）建立科学合理的人才管理制度。民营医药企业要转变传统的用人观念，通过制度建设吸引人、留住人，增加人才的培训投入提高员工的职业素养和工作技能，不仅提高了他们的工作水平，还能达到激发员工工作热情的目的。要将企业人才当作一种资源来开发，要为各种人才提供可以发挥才能的平台，鼓励员工享有合理的回报，吸引更多的人才为企业创造更多的价值。

（2）建立合理的人才流动机制。民营医药企业要实现核心竞争力必须依靠人才战略，不能仅仅依靠家族式的管理模式，靠裙带关系管理现代化企业，要做到能者上庸者下。因此，企业内部要建立人才竞争机制、人才选拔机制，通过多种渠道找到人，通过科学的制度留住人，要敢于淘汰人也要积极吸引人。在现代企业管理制度下，民营医药企业不能再使用任人唯亲、企业家个人意志的人才选拔方式，要为企业员工创造公平、公正、公开的竞争环境，强化企业引进吸收与自主培养相结合的人才开发模式。

（3）建立完善的绩效考核制度。绩效考核既是一种评价也是一种激励。归根结底，企业员工或各部门协调沟通的主动性和积极性取决于利益分配和绩效结果。因此，在企业内部绩效考核首先要做到公平、公正，这样才会保证组织的稳定性。其次，考核也是一种激励，考核制度的制定要能够起到促进作用和带动作用，或者说为工作指明了方向。对企业中的优秀科技人才或管理人才要敢于使用现代化的激励方式，如员工持股、长期期权、学术培养和晋升制度等，对于一般性的员工要完善养老保险制度、休假制度、医疗保险制度和其他生活类福利制度。人力资源管理既是企业管理职能的一部分，也是民营医药企业内部创新的有力保障，只有企业人才愿意为企业贡献自己的聪明才智，企业才能实现持续的发展。

## 第五节　民营医药企业内部协同创新的资源保障

民营医药企业内部协同创新系统除了上述环境、投入、人才及组织保障外，还需要企业其他资源的支撑和保障，其中最重要的就是信息资源。

协同管理的形式体现在部门之间和员工之间，但协同效应的本质是企业经营信息沟通的及时性、准确性。因此，只用在一个开放的平台上，企业的经营信息大多是公开的，各部门和员工才知道相互在做什么，每个部门的工作结果会对其他部门产生哪些影响，企业内部的协同效应才会体现，企业内部协同机制的不断优化，协同效应才会得到持续提升。

在信息社会下，企业内部信息的沟通与交流必须借助于信息化的网络平台才能达到上述目的。实施企业内部信息沟通的网络化、信息化有助于民营医药企业内部协同创新系统的优化。

（1）提高企业工作效率。通过网络化的办公系统，企业员工不再在那种各种单据报告在不同部门之间跑来跑去，所有的审查、请示、签字盖章等都可以在计算机系统中完成，提高了企业员工的工作效率，缩短了企业的决策时间。节省下来的时间和精力可以用来完成许多更有创造力的工作。企业部门横向和纵向之间的职责也将更加明确，避免推诿、官僚等现象。

（2）为企业实施内部协同创新节约成本。使用网络化的办公设施，实现无纸化办公节约了大量纸质物品的采购、印刷、打印等费用。对于规模较大企业或是异地办公的企业，可以节省大量的通信费用、交通费用和差旅费用。同时，网络化办公职责边界明确，信息公开，节省了大量企业内部运营的交易费用，这也是民营医药企业实施内部协同创新的根本目的。

（3）可以有力地实现资源共享。在民营企业中实施内部协同创新可以消除由不同部门和不同专业背景的员工引起的信息独立、沟通不畅的现象，通过协同化的计算机网络可以将企业经营过程中的海量信息集中管理、资源共享，避免了企业中信息孤岛的存在。

（4）有利于企业的知识管理。在创新性的企业组织构架中，企业对知识的管理是核心任务。知识对企业而言是资产，因此对知识的管理是企业创新能力的体现，是企业持续创新的基础。同时，企业知识的积累、沉淀和共享可以减少因人员流动给企业带来的弊端，实现企业的可持续发展。

（5）提高企业的凝聚力，增强企业活力。随着全球化的迅速发展，市场营销和信息化的加速，我国企业的规模和数量迅速增长。人力资源作为支撑企业竞争力的主要因素之一，也日益受到重视，企业间人员之间的竞争日益激烈。员工是企业的根基，对公司的生产运作做出了非常重要的贡献，其生产力水平与内部协作密切相关。企业内部的友好协作可以帮助企业获得更多利益。许多科学家已经证实了这一点，但没有明确地研究内部公司协调如何影响员工的生产力。因此，内部协同效应显然影响着员工的工作方式和内容，识别企业内外协调的影响因素，涵盖协调发展规律，采取适当的对策，可以改善员工的工作及企业人事管理实践。网络化的协同环境，有利于信息的传递，提高员工的归属感，增强企业与员工之间的信任。在经营信息传播的同时，在网络环境下也会传播非正式的组织信息，如果这一渠道利用得好可以增强企业的凝聚力、激发员工的工作热情，为民营企业内部协同创新机制的运行提供良好的环境保障。

# 第八章　民营医药企业内部协同创新的运行策略

民营医药企业内部协同创新机制的运行需要一系列相关企业制度的支撑，企业内部协同创新机制运行的绩效需要不同种类管理制度的系统优化，它涉及企业文化制度、绩效制度、利益分配制度和制度支撑体系等。

## 第一节　营造内部协同创新的企业文化

民营企业的企业文化具有鲜明的特征，民营医药企业的企业文化既有促进企业发展的积极面，也有一些家族式企业的弊端。民营医药企业的企业文化历经创业阶段的"企业以个人为中心的家族文化"到"以家族裙带关系为主的家族文化"，再到"以现代商业关系的家族文化"，但从整个民营医药企业发展的过程来看，民营医药企业的企业文化呈现以下特点①：

---

① 王进富、张颖颖、苏世彬、刘江南：《产学研协同创新机制研究——一个理论分析框架》，《科技进步与对策》2013 年第 6 期；曲洪建、拓中：《协同创新模式研究综述与展望》，《工业技术经济》2013 年第 7 期；白列湖：《管理协同机制研究》，硕士学位论文，武汉科技大学，2005 年；谢芳：《企业集团内部协同创新机理研究》，硕士学位论文，浙江大学，2006 年。

（1）从个人到家族裙带关系造就了民营医药企业内部的凝聚力。企业家个人创业初期的奋发图强的精神和以血缘关系为纽带的家族团队，都成为推动企业创新（如产品创新、商业模式创新和市场创新）持续不断的原动力。

（2）大部分的民营医药企业能够适应时代的变迁，重塑企业的治理结构。为了企业的持久发展，民营医药企业进入大规模收购兼并期，这也从外部给民营医药企业打破传统家族式管理建立现代管理制度提供契机，虽然其本意并不会将企业完全交给"外人"，但新的企业治理结构会有助于企业的创新发展。

（3）逐渐开始重视企业形象和品牌的树立。国内与国际医药市场的竞争日趋激烈，民营医药企业面临着国内和国际大型企业的竞争。这将促使民营医药企业创新产品与管理，重视品牌效应，从而按照现代市场经济的规则参与竞争。

（4）逐步开始重视思想道德文化建设。民营医药企业的规模在不断扩大，企业依靠创始人个人的凝聚力已很难管理好自己的团队。所以，现代民营医药企业开始从企业独特的历程出发塑造自己的企业文化，寻求员工对企业的认同，从而提高员工的忠诚度，激发他们的创新热情。

虽然民营医药企业内部文化正在经历着前所未有的变革，但目前仍然面临一些问题，阻碍了企业的创新发展，比如：企业文化塑造形式大于内涵；亲情关系与规章制度的矛盾；企业经营行为功利性较强；企业内部家族关系产生的排外现象；等等。因此，民营医药企业要立足民营企业特点，创新企业文化形式，促进民营医药企业内部协同创新机制的建立、运行与提升。

企业文化是企业内部的行为规范，是在企业员工之间共同享有的企业价值观，它为员工行为提供了方向。企业的创新活动同样受到企业文化的影响，不同类型的企业文化对企业创新活动具有不同的影响力。企业文化类型大致分为四种：①创新型的企业文化。企业中鼓励冒险与创新，对失败的容忍度较高，对创新活动而言企业的制度具有高度的灵活性；②服从型的企业文化。在这种企业文化下，员工没用创造空间，一切事物服从计划命令，只强调企业运作的秩序性；③结果导向型企业文化。在结果导向型企业文化中一切行为只看结果，企业允许创新，但这种创新处于一种无序状态；④参与型企业文化。这种文化完全没有特定的创新轨迹，不能集中企业内部优势资源完成企业的创新目标。

实践证明，创新型文化最能促进企业协同创新，其次是结果导向型文化，再次是服从型的企业文化。为此，民营医药企业以内部协同创新为导向的企业文化构建应做到以下几点：

（1）文化建设从形式转向内涵发展。鼓励协同创新的企业文化应以企业的价值实现为终极目标，且各协同部门都要遵循这一原则。企业管理实现协同化必须通过具体的沟通手段、激励措施和协调方法，使所有员工和部门都能够具有一致的企业价值观。

（2）改变家族式的管理方式，建立现代企业制度。民营医药企业经过高速的增长及频繁的收购兼并，企业规模日渐壮大，依靠传统的家族血缘式管理方式越来越不能适应技术创新日新月异的发展趋势。因此，必须建立与协同创新相适应的组织构架和管理制度，才能提高企业组织的适应性，适应市场机制和竞争机制，企业内部组织运转才能实现高效率，才能对创新活动形成有力支撑。

（3）树立尊重科学、尊重人才的文化氛围。企业竞争是人才的竞争，科技创新的核心也是人才。因此，企业要营造"以人为本"的文化氛围，要制定鼓励协同创新的晋升制度、薪酬激励制度、培训制度等，用文化吸引人才、留住人才，让企业文化成为驱动技术创新人才不断进步的动力。

（4）充分发挥企业家在企业中的灵魂作用。民营企业的企业文化特征具有企业家的个性烙印。企业家本身具有巨大的号召力和标榜作用。因此，企业家在企业中应倡导创新文化，鼓励协同合作精神，为员工营造归属感和成就感。同时，企业家自身也要不断地提升自己的素质，使企业文化可以真正融合到企业日常经营行为和决策当中。

## 第二节　强化内部协同创新的绩效评估

企业的所有经营行为都将绩效考核作为重要的衡量标准。好的绩效评估可以对企业的经营行为产生正向激励。民营医药企业内部协同创新同样需要一套系统的绩效评估体系，以此鼓励企业内部各部门之间的协调合作，激励内部创新活动的协同性。实际上，民营医药企业要实现创新绩效就必须从企业内部着手，强化各部门之间的相互配合，持续完善内部流程管理制度，减少企业内部的交易成本，最终提升企业的创新绩效水平。因此，民营医药企业内部协同创新的绩效评估应遵循以下原则：

（1）绩效评估的目的性。企业建立的绩效评估制度和标准必须以实现各部门之间的协同为目的，不能仅以创新成果的经济价值为考核标准，应该尝试运用协同度与协同效应为基础对各部门的管理协同进行评估，只有这样才能为企业研发人员和管理人员提供完整而清晰的工作方向，在制度优化时可以找到优化的对象，才能更好地促进企业内部协同创新机制的运转。

（2）绩效评估的时效性。对协同绩效评估要做到与时俱进，根据企业环境的变化以及技术员工和管理员工心理和现实需求的变化，制定能够产生正向激励作用的管理制度，如合理的股权激励制度、系统的培训提升制度和具有可得性的职位晋升制度等。

（3）绩效评估的科学性。医药技术是一个高水准、高复杂性的技术类别，对民营医药企业内部协同创新活动的绩效评估应充分考虑到医药行业的复杂性，在标准的制定及数据的选择方面都要以事实为依据，强调科学性的同时注重绩效评估的可操作性，采用定性与定量相结合的方法，确保绩效评估的客观性和真实性。

（4）绩效评估的过程性。对协同绩效考核不能仅以创新成果为考核的标准，应该将过程考核纳入绩效评估体系中。企业内部协同创新就是注重各部门之间的协调，其核心理念就是要从过程出发优化各部门的合作与竞争机制，通过过程优化提升创新结果的水平，从而提高企业创新的绩效水平。

（5）绩效评估的多元化。对民营医药企业的内部协同创新评估，应从多个角度进行，要从技术、组织、市场、财务等方向进行立体化的绩效评估。在指标选定和标准确定的时候应注重评估的系统性，即在对民营医药企业内部协同创新绩效评估过程中以组织协同为中心，促进技术与市场融合，最终实现财务绩效目标。

## 第三节　优化内部协同创新的激励机制

为保证民营医药企业内部协同创新机制的顺利运行，在稳定现有的激励制度的前提下，还应该遵循以下原则对民营医药企业的激励制度进行优化。

（1）强化正向激励的原则。所谓激励机制就是要真正地起到激励的作用，要根据技术研发人员及协同过程中的管理人员的年龄、性别、学历、生活及工作背景、性格爱好等设计激励措施，有针对性地集中发挥激励要素的作用，做到"因人而异、因时而异"。

（2）公平、公正的原则。要使激励机制充分发挥正向作用，就要做到激励措施的公平、公正。企业各协同部门的工作性质不同、岗位职责不同，在制定激励机制时要根据这些差异分别制定激励制度，激励公平不仅体现在部门之间，还体现在部门内部，对企业员工的奖惩激励要公平，避免引起员工对激励措施的不满。而企业要公正地对待每一位员工，要有奖有罚，奖与罚又可以有不同的层次，通过公平公正的原则促进企业内部合理竞争与协作。

（3）持续动态的原则。激励制度的制定必然有一定的时效性，民营医药企业的内外部环境无时无刻不在发生着变化，企业员工的工作能力、期望、岗位也在时刻发生着变化。因此，激励机制必须跟随上述变化做出必要的调整，才能真正地起到正向激励的作用，才不会因制度与现实脱节而丧失激励作用。

（4）竞争导向的原则。真正具有激励作用的激励制度应该以竞争为导向，即它可以从企业内部实现优胜劣汰、从企业外部吸引到优秀的研发和管理人才。民营医药企业可以依据自己的企业实力，以员工对企业的实际贡献为依据，提供不低于市场中主要竞争对手的薪资水平和员工发展空间，以便可以从人才市场中吸引到足够的优秀人才，为企业的研发提供充足的智力支持。企业内的员工也可以做到无后顾之忧，全身心地投入到企业创新活动当中。

为提高民营医药企业内部协同创新水平，企业的激励制度应与以下几个方面的要素相结合。

（1）与企业战略相结合。企业战略是企业未来发展的总体性规划，对企业的经营方向具有指导意义。企业的激励机制应是企业战略的重要组成部分，激励机制可以推动着企业员工或部门朝着企业战略的方向前进。它不仅是企业管理职能中的一个重要组成部分，还是企业战略活动的有机组成部分，企业的激励机制应该与企业战略保持一致，企业所处的发展阶段决定了企业战略的发展方向，企业的激励制度也应该符合企业不同发展阶段的特征，既要充当职能角色又要充当战略匹配角色。

（2）激励措施多元化。马斯洛提出了需求层次理论，指出人有五种层次需求。在医药企业中研发人员与中高级管理人员属于知识型员工，他们注重物质激励也注重非物质激励。因此，在制定企业激励制度时要考虑到激励需求的不同层次和种类，物质与非物质型激励共同作用，不仅可以吸引优秀的技术和管理人才，增强企业内部的凝聚力，还可以起到降低激励成本、提高激励效果的作用。

（3）对技术与市场人力资源的激励。技术创新在民营医药企业创新活动中是核心，有了新的产品才有可能得到市场的青睐。但企业创新的最终价值目的就是实现产品的市场价值，民营医药企业内部协同管理机制在于降低企业内部交易费用，技术创新在于研发新产品提供产品价值增值的载体，而最终市场价值的实现还是要依靠企业的销售部门。因此在内部协同创新机制中，研发活动要适应市场的反馈,而市场部门要努力地将新产品推销出去,技术与市场部门都是产品价值实现的根本保证。对市场人力资源的激励就变得越来越重要。

## 第四节　均衡内部协同创新的利益分配

利益是企业内各部门行为的动力和根本目的。激励机制只是促使企业运转的外部标志,而利益分配是企业运转的根本原因。企业是一个团队,在这个团队中人才济济,但如何能让众多优秀的人才心系企业,为企业的明天奉献自己的力量,除了文化机制外最有效的方法就是依靠企业的分配机制。企业的分配机制实际就是企业的一种价值导向[①]。均衡内部协同创新的利益分配就是要让每一个参与部门可以享受到企业创新发展的成果,调动企业内部的积极性、主动性,使企业的创新活动实现良性循环。利益分配既是动力引擎也是企业中的稳定剂。企业部门利益分配不合理会引起部门间的内耗,导致企业组织不稳定。

民营医药企业内部协同创新涉及企业内部的每一个部门,从产品研发到市场价值的实现,有的部门属于利润中心,有的部门属于成本中心,在利益分配时应充分考虑到不同部门的工作性质,根据不同的特点制定利益分配的形式和数量。

利益的分配形式可以分为物质型和非物质型,即近期利益和

① 邱国栋、白景坤:《价值生成分析:一个协同效应的理论框架》,《中国工业经济》2007 年第 6 期;白列湖:《协同论与管理协同理论》,《甘肃社会科学》2007年第 5 期;樊治平、冯博、俞竹超:《知识协同的发展及研究展望》,《科学学与科学技术管理》2007 年第 11 期。

远期利益。民营医药企业内部利益分配应采取多种分配形式满足不同种类的员工或工作部门的实际需要，让利益分配机制起到实质性的激励作用。

均衡民营医药企业内部利益分配机制应遵循以下原则：

（1）利益分配机制的设定要真正能够调动企业部门或员工的积极性、主动性和创造性，要体现出企业创新精神和活力。

（2）利益分配机制要切实体现"以人为本"的理念。利益分配机制在制定之前要在企业内部和外部进行充分的市场调研，利益分配的形式要符合企业部门和员工的实际需求，只有这样才能起到触动心弦的作用。

（3）利益分配机制也要体现出竞争力。"以人为本"的理念不是一味地迁就对方，而是营造公平合理的竞争氛围，通过公平合理竞争可以实现优胜劣汰，可以确保企业资源的使用效率，使企业可以吸引人才、留住人才。

（4）利益分配机制要具有稳定性。利益分配机制不仅要做到公平、公正、公开，利益分配机制也要具有稳定性，稳定性的内涵就是要让企业的部门或员工可以制定合理的预期，通过努力和竞争实现自己的预期，从而激发各部门参与企业创新活动的主动性和积极性。

## 第五节 完善内部协同创新的支撑体系

民营医药企业内部协同创新不是一句口号，也不是孤立的一项企业内部制度，它是一项系统的、在形式上由一系列制度组成内容上相互影响、相互作用的制度。而制度的运行需要物质或非物质资源的支撑，一项复杂的系统性的制度更加需要广泛的支撑体系，民营医药企业内部协同创新机制的建立和运行需要人才体系的支撑、物理平台建设体系的支撑、管理制度体系和投入体系的支撑①，如图 8-1 所示。

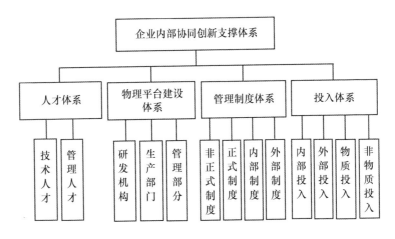

图 8-1　企业内部协同创新支撑体系

（1）人才体系。人才是企业创新的灵魂，完善人才体系为企业的创新活动提供智力支持。企业要善于吸引不同层次、不同背景的人才，并使他们可以为企业的创新活动贡献自己的才华。吸引人才离不开企业的制度，人才管理制度必须依据公平、公开、公正的原则，对人才管理实施分类管理，如按照岗位分类——技

① 张红芳、吴威：《心理资本、人力资本与社会资本的协同作用》，《经济管理》2009 年第 7 期；余力、左美云：《协同管理模式理论框架研究》，《中国人民大学学报》2006 年第 3 期；陈劲、王方瑞：《中国企业技术和市场协同创新机制初探——基于"环境—管理—创新不确定性"的变量相关分析》，《科学学研究》2006 年第 6 期；郑刚、梁欣如：《全面协同：创新致胜之道——技术与非技术要素全面协同机制研究》，《科学学研究》2006 年增刊第 1 期。

术人员和管理人员；按照层级分类——初级、中级、高级岗位等；人才管理制度必须具有时效性、针对性，公司内部的奖惩制度标准的制定要考虑到社会中大多数企业或同类型企业的奖惩制度，既不能落后也不能过于超前。惩罚制度落后不利于激发员工的积极性，超前会引起员工的离心力，奖励制度过于超前会增加企业成本，但过于落后也不利于调动企业员工的工作热情①。企业内部人才管理制度的设立要因时制宜、因地制宜、因人而异，要根据不同部门及岗位、不同工作周期或阶段和不同学历、工作经历及知识背景等特征，充分调动每个部门每位员工的积极性，提升创新过程中内部协同管理的协同度，增强内部协同管理的协同效应。

（2）物理平台建设体系。物理平台建设体系是内部协同创新管理实施的物质基础。医药行业是高投入、高风险行业，医药产品的技术含量高且对社会产生广泛而深入的影响。医药企业从研发到生产有着严格的设施建设标准，只有按照国家乃至国际现代标准建设的研发和生产设施才能为企业实施内部协同创新管理提供可能性以及为提高协同管理效应提供空间。

物理平台也是内部协同创新管理的客体。通过内部协同创新管理充分发挥每个组成部门的工作热情，提升他们的工作效率，完善企业内部的价值链，为企业市场价值的实现奠定基础。

（3）管理制度体系。企业的管理制度有横向功能的也有纵向

---

① 陈劲、谢芳、贾丽娜：《企业集团内部协同创新机理研究》，《管理学报》2006 年第 6 期；胡育波：《企业管理协同效应实现过程的研究》，硕士学位论文，武汉科技大学，2007 年；杜栋：《协同、协同管理与协同管理系统》，《现代管理科学》2008 年第 2 期。

功能的，即纵向功能的制度能够保证企业的决策可以迅速地实施，提高企业的执行力，而横向功能的制度可以促进部门间的合作，减少企业决策在各部门之间运行的摩擦力，提升企业决策执行的效果。企业制度还可以分为正式制度和非正式制度，企业的正式制度指的是企业就工作流程或工作职责制定的明文规定，非正式制度主要指的是企业内部的文化氛围，企业的非正式制度是看不见、摸不着的，但它对企业运营起着举足轻重的作用。企业非正式制度发挥得好，可以增加企业的凝聚力，促进正式制度的执行，如果企业非正式制度发挥得不好，它对企业正式制度乃至整个企业运营将起到破坏性作用。企业的内部和外部制度是相对而言的，它既可以以企业为边界也可以以企业内部门为边界，企业的内部和外部制度之间也是相互影响、相互作用的。

民营医药企业内部协同创新管理制度正是这样一套综合制度的组成。类型完备、功能齐全的管理制度是协同管理的基础，在内部协同管理理念下，企业的创新活动已不再是一项孤立的活动，对企业创新活动的管理也不再是一项单独的工作任务，企业内部协同创新管理必须从企业的整体部门、整体活动着手，以企业内部价值链为主线整合不同部门的工作成果、整合不同类型的企业资源，为企业创新价值的增值提供制度保障①。

（4）投入体系。投入是民营医药企业内部协同创新管理的重要保障。企业研发平台、生产设施的建设需要投入，企业内部协

---

① 郑刚、朱凌、金珺：《全面协同创新：一个五阶段全面协同过程模型——基于海尔集团的案例研究》，《管理工程学报》2008 年第 2 期；李彬：《管理系统的协同机理及方法研究》，硕士学位论文，天津大学，2008 年；李力：《新兴产业技术标准联盟协同创新机制研究》，博士学位论文，哈尔滨理工大学，2014 年。

同创新管理制度的制定、培训与实施也需要投入。企业的投入可以分以下几种类型，如物质投入和非物质投入、内部投入和外部投入等。企业在制度建设时存在许多误区，如只注重物质投入，如资金投入，不注重非物质投入，如企业文化、智力及精力投入等；再如，只注重投入活动本身，而不注重投入—产出的效率；等等。因此，要提升民营医药企业内部协同创新管理的效率必须要完善企业创新投入体系，如扩大企业投入资金的来源，加强企业成本控制，提高企业投入资金的使用效率；在保证物质资金投入的基础上，注重非物质层面的投入，加强企业文化建设，增强企业员工的凝聚力、向心力，为企业内部协同创新的顺利开展提供必要支撑。

# 第九章　实证研究——山东 TY 医药公司的内部协同创新机制

## 第一节　山东 TY 医药公司发展历程及现状

### 一　公司发展历程

山东 TY 制药有限公司是山东九泰企业集团的下属子公司，创建于 2002 年，是一个按现代化企业标准建立的高起点、高标准的制药企业。公司前身为始建于 1976 年的国有企业——莱阳市制药厂，2011 年由九泰集团接管负责运营。

公司坐落于烟台莱阳食品园内，公司所在地距青岛 90 千米、烟台 90 千米，交通便利，拥有按 GMP 标准建设的现代化制药厂房 2 万平方米。

公司产品有片剂、颗粒剂、口服液、糖浆剂、外用制剂等 27 个国药准字的产品。慈术化瘀膏、加味灵芝菌片，皆为国内独家产品，莱阳梨止咳糖浆、莱阳止咳口服液、莱阳梨止咳颗粒、莱阳梨膏等莱阳梨系列产品，疗效好、安全可靠方便，有着较好的市场运作空间。复方溴丙胺太林片，加味灵芝菌片、复方灵芝颗粒、灵芝片等系列产品，深受全国各地消费者的厚爱。

TY 制药本着"修身、强企、报国"的价值观，"致良知、做好药、敬天爱人"的经营理念，立足品牌战略和人才战略，以大众健康为己任，心怀惠人之业，胸纳四海之才，致力于建设学习型组织、创新型企业。为员工创造和谐的工作环境和充分展示个人能力的发展空间。

## 二　公司发展现状

公司目前注册资金 900 万元，总资产 3000 万元。在册人员 80 人，研究生学历 10 人，大学学历 20 人，大专学历 14 人，中专学历 3 人。高级职称 5 人。

公司在莱阳市食品工业园进行异地建设，土地面积 70667 平方米，道路占地 700 平方米，建筑物总面积 13065.2 平方米，2002 年 5 月 23 日奠基，2003 年 10 月竣工，厂区分为综合办公区、生产区、生活区（餐厅）和公用工程区，并在厂区内适量考虑了预留生产发展用地，公司根据今后的发展规划预留了 37 余亩土地。主要建设项目有：办公楼、职工餐厅、发酵车间、提取车间、制剂车间、包装车间、化验室、制水系统、空调机房、配电室、锅炉房、空压冷冻室、维修室、高架立体库、危险品库、中药材库、传达室。公司南门为人行通道，北门为物流通道。以上布置分区明显，互不干扰，形成良好的生产环境。

## 三　公司产品、原辅料供应、动力保障及生产能力状况

### （一）产品品种情况

现有 21 个国药准字的药品，中成药 11 个，化学药品 10 个。

其中非处方药品 12 个，列入《国家医疗保险药品目录》的 9 个。

第一类：有良好市场前景和利润空间的产品。加味灵芝菌片为国内独家产品，纯中药制剂，用于治疗心血管、心脏等疾病，无副作用，疗效显著。

第二类：特色产品。莱阳梨止咳系列产品：莱阳梨止咳糖浆、莱阳梨止咳口服液、莱阳梨止咳颗粒、莱阳梨膏。有产地原料特色，疗效好，有着较好的市场运作空间。灵芝系列产品：复方溴丙胺太林片、加味灵芝菌片、复方灵芝颗粒，患者有着较好的认可。

（二）原材物料的采购渠道、供应商情况

原材物料采购渠道通畅，已经与原辅料供应商建立起了良好的合作关系，国内能够满足满负荷生产的需要。

（三）动力系统

工程上水、下水和 10kV 电源由莱阳市供应或接纳。废水按 GB 8978—1996 标准予以排放。供电采用 10kV 单电源供电，电源引自厂区西北角变电站。

（四）生产能力（设计规模）（见表 9-1）

表 9-1　　　　　　　　公司产品生产能力

| 序号 | 剂型 | 单位 | 年产量 |
| --- | --- | --- | --- |
| 1 | 片剂 | 亿片 | 8.5 |
| 2 | 颗粒剂 | 万袋 | 6000 |
| 3 | 糖浆剂 | 万瓶 | 3000 |
| 4 | 溶液剂（口服） | 万瓶 | 1000 |
| 5 | 口服液 | 万支 | 8000 |
| 6 | 煎膏剂 | 万瓶 | 2000 |
| 7 | 发酵原料 | 吨 | 100 |

## 四  公司组织构架

公司组织架构如图 9 – 1 所示。

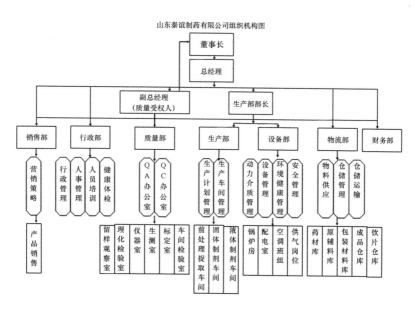

图 9 – 1  公司组织架构图

山东 TY 制药有限公司拥有独立的研发机构，主要致力于新型给药系统（DDS）的研究开发和技术转让。公司现设制剂研究室、分析研究室、中药研究室、信息情报研究室、注册申报室以及中试试验室。公司聘请国内权威药剂学教授担任新型给药系统研发顾问，以硕士生为研发主体。公司目前已经形成了口服缓控释研究平台、靶向给药研究平台、经皮给药研究平台、黏膜给药研究平台、药物动力学/生物药剂学研究平台、中药新剂型研究平台。公司拥有现代化的药品研发设备 150 多台。

# 第二节　山东 TY 医药公司的内部
# 创新管理概况

## 一　研发中心概况

山东 TY 医药公司研发中心依托山东九泰企业集团 TY 药业板块而组建。其产业化基地设在山东 TY 制药所在地山东莱阳市，它包括了符合 GMP 标准的原料药生产基地和医药中间体的生产基地，以及特种精细化工品的生产基地。这些基地也可以为国内外客户提供各类医药中间体的委托加工（合同制造）业务，以满足国内外医药原料药生产企业和医药研发企业的不同需求。

公司专注于从实验室到工业化生产的技术转化，同时利用我们的研发资源和专业技术，为医药生产和研发企业提供包括委托研发，工艺改进，技术咨询，文献检索，实验室合成设备，标准品，特殊化学品和分析服务在内的一体化解决方案。并致力于运用先进的医药生产的技术和经验，开发具有独立知识产权、高附加值的医药中间体；致力于高水平的技术改进和创新；致力于为客户提供高质量的医药中间体。研发中心的专业团队具有丰富的研发和生产经验以及创新意识，有能力在较短的时间内实现新产品的工业化生产，降低工业化转化中的风险和成本。研发中心的目标是在满足客户需求的基础上，最大限度地降低产品成本，提高服务水平，实现共赢。

## 二　内部创新管理概况

公司是新建的制药企业，比老企业具有以下优势：一是机制新。公司股权结构良好，决策权高度集中，决策机制灵活、高效，为公司下一步的发展奠定了良好的基础。二是管理团队精干。由于高层管理人员少、人员新、层次少，经营决策能"简捷、快速、高效"。三是用工灵活。公司无论新、老员工均实行"全员聘用制"。四是企业硬件新，发展空间大。由于公司在莱阳食品工业园区新建，无论是生产线还是公用工程均完全按高标准建设，无论是企业形象还是保证生产、质量都具有十分重要的作用。五是公司具有可持续发展的潜力和优势。由于公司具有良好的政府关系，及其他方方面面的资源优势，且新产品即将问世，使企业能保持稳定的可持续发展。六是没有历史包袱和沉重负担，使公司能"轻装上阵"，稳步前进。七是慈术化瘀膏和加味灵芝菌片为全国独家产品，有着良好的市场前景和利润空间。

TY 制药拥有高效精干的领导班子、管理团队和结构合理的产品，依托得天独厚的资源优势，凭借一流的制药、科研队伍，先进的制药设备、质检仪器和 GMP 生产车间，坚持走质量效益型发展的路子，发扬"务实、诚信、高效、创新"的企业精神，面向市场，争取在未来的市场发展过程中获得更大的市场份额和广阔的发展空间，为人类的健康事业做出不懈努力。在社会各界朋友的大力支持帮助下，TY 制药定能快速做大做强，为当地的经济发展做出贡献。

## 第三节　山东 TY 医药公司内部协同创新的动力机制

山东 TY 制药有限公司成立于 2002 年 1 月，是一个按现代企业制度建立的高起点、高标准的制药企业。公司坐落于莱阳市食品工业园，拥有按 GMP 标准建设的现代化制药厂房和设备。公司前身为始建于 1976 年的国有企业——莱阳市制药厂，并于 2011 年5 月更名为山东 TY 制药有限公司。2014 年 2 月 28 日，公司的片剂、颗粒剂、糖浆剂、口服液、溶液剂（口服）、煎膏剂一次性通过了山东省食品药品监督管理局组织的新版 GMP 认证，2015 年 2 月 1 日，公司的发酵车间又顺利通过了 GMP 认证，使加味灵芝菌片和复方溴丙胺太林片这两个全国独家产品获得了生产资格。

鉴于山东 TY 医药有限公司的发展历程，企业内部存在强烈的创新动机，从企业转型后面临着新的发展机遇。因此，只有首先从企业内部着手，建立企业内部的协同创新机制，增强企业的研发能力，培育起企业的核心竞争力，企业才可以实现成功转型。

## 第四节　山东 TY 医药公司内部协同创新的实现机制

企业的创新过程中，不仅要注重技术本身的发展，还要注重其他非技术要素的发展与配合。按照管理学的原理，整个链条的强度取决于链条中最弱的一环。因此，研究技术与组织构架要素、技术与市场营销要素、技术与企业文化要素以及技术与人力资本要素之间的协同就显得尤为重要。

### 一　企业内部协同创新组织架构

山东 TY 医药有限公司为保障企业创新活动的有序开展，为企业创新营造良好的组织环境，企业在职能部门组织构架之外成立协同创新协调委员会，该委员会直接由总经理牵头，下设协调办公室负责日常创新活动涉及资源的协调，或是不同研发项目之间的协调，同时协调办公室负责协同机制的实施和评估及改进工作。各职能部门根据不同研发项目或研发环节选派不同技术背景的员工进入研发项目协调委员会，该委员会有一名协调主管负责日常信息的收集及反馈，项目主管由委员会协调办公室统一安排和负责。因此，企业协同创新一方面依靠实体职能部门从事日常研发、生产等职能，另一方面依靠影子机构——协同创新委员会统筹协调整个企业在研发过程中某些例外情况下的资源配置，这样既不会干扰正常的企业生产秩序，在遇到某些特殊情况时还可以及时采取措施协调企业的整体资源保障创新活动的顺利进行。当特殊实例消失后，企业仍旧回归到正常的企业经营过程中。

企业协同创新机构的特点是协同创新委员会的各部门委员不是来自于各部门经理，而是来自于每个部门直接参加到整个研发活动的一线员工，这样委员会始终可以掌握企业研发的一线资料，委员也可以真实地反映研发活动所遇到的问题，避免都是由部门经理担任委员，造成人浮于事的现象。而项目主管一定是由有过某个或某几个职能部门经理工作经历的资深员工担任，这样可以保证对企业问题诊断的准确性、客观性和权威性（见图 9－2）。

## 二　协同创新工作机制

企业实施协同创新机制仅有组织结构保障还不足以保证创新活动的协同性，还应从工作机制方面予以保证。山东 TY 医药有限公司建立了企业的实践平台和协同平台。实践平台指的是传统职能部门如研发、生产和销售。协同平台指的是寻找问题、协同

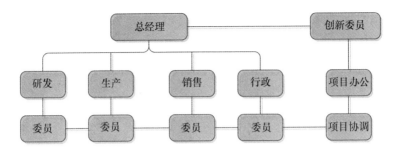

图9-2 企业内部协同创新组织构架

机制评价和协同机制优化的一系列工作过程。二者通过相互之间的协调沟通，最终能够适应市场需求的快速变化，准确及时地将市场信息传递到企业内部，并转化为企业的产品创新能力实现企业价值（见图9-3）。

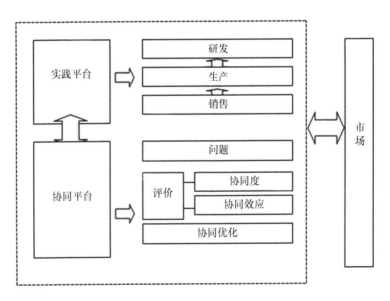

图9-3 企业内部协同创新工作机制

### 三 创新文化与执行文化

企业文化是指在企业运行过程中，企业团队所形成的统一的价值观念、道德规范和行为方式的综合。山东 TY 医药公司在企业创新管理的初始并没意识到技术与文化要素的协同是最为微妙的，所以在实施协同创新策略之前，企业对于这种协同重要性的认识明显不足，这与民营医药企业这种生产性特点有关系。医药企业的绩效中最容易让人感受得到的是有形的产品，而无形的文化给企业的影响尤其是对技术创新的影响容易被人忽略。如果只顾技术发展而不顾文化跟进，那么最终技术与文化双双受阻。只有将两者有机统一起来，促使它们协同发展，让无数技术创新的实践沉淀出富有创新的文化，让积极创新、不甘落后的文化孕育出优秀品质的技术成果，技术和文化只有形成协同互动、相互促进的局面，企业才有竞争优势可言。我国的民营医药企业要善于利用文化对技术的影响，向文化挖掘技术绩效；同时也要通过技术创新实践来促进文化的沉淀和升华，形成鼓励创新、宽容失败的氛围，构建出适应技术创新的文化。

为保障企业协同创新管理机制的实施，山东 TY 医药公司构建了"以科技为先导，研制和开发高科技产品"的创新文化机制和执行机制。通过培育鼓励创新、宽容失败的创新型文化，为技术创新实践提供勇于创新的意念和动力，为技术创新过程中行为方式或具体策略的采取提供导向，为协调创新中各种关系或利益、统一成员的努力方向提供保障。

TY 制药通过企业文化建设，特别是创新型的企业文化建设，促使企业成员一致认识到一个企业只有持续的创新才是企业发展的不竭动力。在这种价值观念的指导和激励之下，全体员工便会产生技术创新的行为，而且这种行为的强度直接受价值观念的支配。最终，协同创新行为导致的结果便是技术创新的绩效产生。当然，企业文化的核心是共同的价值观念，除此之外，企业的规章制度也是文化的一种重要组成部分。TY 制药通过建立和完善与协同创新相关的规章制度来有效调动企业员工特别是技术人员的技术创新积极性，进而使其产生强烈的创新欲望和行为，从而促进企业协同创新绩效水平的提升，这些制度包括人事制度、劳动报酬制度和组织制度、教育培训制度等。这些制度可以给员工物质上和精神上的激励，促使其努力提升自身技术研发水平，将自身利益与企业利益统一起来，寻求个人发展与企业发展的良性互动（见表 9-2）。

表 9-2 企业文化机制

| 企业文化 | 内容 |
|---|---|
| 企业使命 | 回报社会，服务客户 |
| 企业目标 | 创建全球最具竞争力的生物基地 |
| 企业精神 | 超越优秀，拒绝平庸 |
| 企业价值观 | 至诚至信，天长地久 |
| 工作作风 | 迅速反应，立即行动，执行到位，持之以恒 |
| 员工美德 | 功高不自傲，权重不谋私，谋利不忘义<br>得意不忘形，失意不沉沦，贫贱不移志，富贵不忘本 |

为保障企业内部协同机制，企业制定了"日清日省，日新日高"制度，即日清：完成当日必须完成的工作，完成当日计划完成的工作；日省：总结当日的经验，检讨当日的错误，制定改进

措施；日新：每天接收新信息，新知识，取得新成就；日高：每天进步一点点。企业的执行之道就是没有不可抗的因素，必须按时、按质、按量完成任务。

企业服务内部管理理念即服从第一，共识第二；决心第一，成败第二；成功第一，完美第二；结果第一，原因第二。执行的方法即坚定不移地执行，全力以赴地执行，创造性地执行。企业讲的和谐之道分为"三对"和"三度"，即"三对"：对下，严格管理，热忱关爱；对上，同心同德，尊敬服从；对左右，矜而不争，群而不党，严以律己，宽以待人；"三度"：转换角度，把握尺度，注意风度。

（一）绩效考核机制

为全面、客观、公正、准确地评价员工的工作绩效，激励其不断改善工作表现，圆满完成企业协同创新管理目标，企业特制定以下绩效管理制度。

（二）考评原则

对员工的工作态度、研发和自主创新、工作能力、工作业绩三方面进行考核、评估，建立绩效考核考评档案，作为工资发放，薪资级、档调整，岗位聘用与晋升的重要依据。

（三）考评对象

1. 公司全体员工，包括试用期员工和因病、因私、因伤缺勤者，但不包括当月出勤未达 15 个考评工作日者。

2. 员工在考评期内更换工作岗位，就职新岗位超过 15 天参加新岗位考评，反之则回原岗位进行考评。

（四）考评程序及考评指标

考评分为月考评、年度考评和其他考评。考评指标按普通员工、主管级以上员工两种类型分别确定。

1. 月考评程序

在员工自评的基础上，由考评小组进行考评。考评小组的组成：

（1）普通员工类的考评小组：由综合管理部主管，被考评员工的直接上级、分公司经理、分管副总经理或总经理组成。

（2）主管级以上员工的考评小组：由行政部人力资源主管，被考评员工的直接上级、分公司经理、总经理组成。

考核评级及奖惩：

（1）月绩效考评得分为75—79分，扣除本人绩效工资的5%；绩效考评得分为70—74分，扣除本人绩效工资的15%；绩效考评得分为65—69分，扣除本人绩效工资的20%；绩效考评得分为60—64分，扣除本人绩效工资的30%。

（2）连续两个月考评为"基本称职"，按比例加倍扣除当月绩效工资。连续三个月考评为"基本称职"，扣发当月"绩效工资"的100%。若本人为部门经理的，还要扣除其"职务工资"的100%。

（3）员工月绩效考评为"基本称职"，扣除其直接上级当月"职务工资"的10%；连续两个月考评为"基本称职"，扣除其直接上级当月"职务工资"的20%；连续三个月"基本称职"，扣除其直接上级当月"职务工资"的100%。

（4）"不称职"：绩效考评得分为59分以下，作以下惩处：月绩效考评为"不称职"，扣除本人当月"绩效工资"的100%；连续两个月考评为"不称职"，除扣100%"绩效工资"外，加扣100%的"职务工资"；连续三个月考评为"不称职"，降薪

（降职）一档处理；连续四个月考评"不称职"予以换岗或辞退。

2. 年度考评程序

普通员工的考评分上级、同级、自我考评三级进行，各级的考评权重比例为：上级占总评的70%，同级占总评的20%，自我考评占总评的10%。主管级以上员工的考评分上级、下级、同级和自我考评四级进行，各级的考评权重比例为：上级考评占总评的60%，下级考评占总评的20%，同级考评占总评的10%，自我考评占总评的10%。

（1）年度考评方式。以考评会议评定的方式实施年度员工考评。考评会议的成员由被考评部门全体员工、其他部门的经理、总经理组成。考评会议由总经理或指定人员主持，主持人指定一名参评者负责会议的相关记录和评分核算。

（2）会议程序。第一，由行政部人力资源主管对被考评人各月绩效考评结果进行简要介绍。第二，被考评人作自评陈述。第三，被考评人回避，参评者对被考评人的陈述进行评论和评分。第四，评分以不记名方式，按上级、下级、同级分类后交给记分员。记分员按上述级别分类算出各类的平均分后，再以各级评分权重比例算出被考评员工的年度绩效考评得分。

（3）考核评级。"优秀"：绩效考评得分90以上（包括90分）。"称职"：绩效考评得分为89—80分，不奖不罚。"基本称职"：绩效考评得分为60—79分。

3. 奖励措施

（1）奖励项目。公司员工有下列情况的公司予以奖励：为公司创造显著经济效益；挽回重大经济损失；取得重大社会荣誉；

管理改进的成效显著；培养和举荐优秀人才。

（2）奖励内容。分为项目绩效奖、年度特别奖和不定期的即时奖励。奖励方式为授予荣誉称号、颁发奖状和奖金。项目绩效奖：根据安全、质量、进度、开源节流、产生的经济效益，由员工推荐，各部门组织评审，经总经理批准。年度特别奖由所在部门推荐，公司综合管理部审核，公司总经理批准。工作态度、敬业精神、管理创新表现突出和有其他特殊贡献的员工，年底给予奖励。

4. 惩罚措施

（1）惩罚措施。公司员工有下列行为之一者，将视情节轻重、后果大小、认识态度等予以处罚：工作态度不认真，造成一定后果；不服从合理的工作分配，影响工作；违反工作纪律，在工作场所或工作时间吵闹、打架的过错方；根据绩效考核制度应受的处罚；玩忽职守，工作不负责任而给公司造成损失；损坏公物，影响公司正常秩序；虚报个人申述资料或故意填报不正确个人资料；擅自篡改记录或伪造各类年报、报表、人事资料；违反国家法律、规定及公司制度。

（2）处罚等级，分为警告、扣除当月部分或全部绩效工资、薪资降级（档）、开除四类。

TY 制药充分发挥文化对技术创新的黏合剂和催化剂作用。协同创新活动本质上是一项系统工程，需要企业各部门密切协同，同时协同创新活动又是一件富有挑战性的工作，仅有协同还不够，还必须有创新的活力和积极性。由于协同创新活动涉及众多部门，而每个部门都是存在自身部门利益的，即使是在同一个部门内部，人与人之间的关系也十分微妙，个人利益与集体利益往往不一致。企业要利用良好的文化将不同的部门以及不同的人有效地融合起来，建立起共同的价值观，为同一个目标而努力，发挥企业文化的黏合剂效应。另一方面，要利用富有创新精神的文化来激发员工的创新积极性，最终有效增进企业的协同创新绩效，发挥企业文化的催化剂效应。

在利用企业文化促进技术创新实践的过程中，有两个特别值得关注的重点事项，那就是创新环境的营造和沟通交流网络的构建。TY 制药不仅为技术创新实践的开展提供良好的硬环境，比如先进适用的科研设备、健全的科研信息资料、足够的科研场地以及科研人员所需的良好生活条件等，这些物质基础对于积极创新型企业文化的形成也是至关重要的。与此同时，企业也特别关注软环境的营造，尤其是"激励成功、宽容失败"的态度是良好创新文化形成的必要条件。

另外，TY 制药通过正式组织网络和非正式组织网络构建起为技术创新服务的沟通交流网络平台。如通过部际联席会议形式将不同职能部门对技术创新的建议进行充分交流和沟通，这便是基于正式的组织网络形式而开展的沟通与交流活动，这种方式对于创新中诸多问题的解决具有重要的效果。除此之外，基于非正式组织网络的沟通与交流对于技术创新中某些问题的解决其功效也是不容忽视的。比如隐性知识在组织中的传播就往往需要采用非正式沟通的方式才能实现，只有通过这种方式隐性知识才能真正被吸收和理解。总之，创新环境的营造和沟通交流网络的构建对于企业创新文化的形成和升华进而对创新实践的促进具有至关重要的作用，企业要善于以此为抓手来实现创新文化对创新实践的促进。

通过技术创新的实践来推动企业文化特别是创新型企业文化的形成和发展，为企业价值观的形成、企业精神的塑造以及企业形象的提升提供源头性支撑。TY 制药善于通过技术创新的实践来促进企业价值观的形成和升华。实践往往会推动理念的形成、发展和升华。通过技术创新活动使企业全体员工树立起以创新追求卓越的价值取向。技术创新是一个从研发、生产再到市场营销的一揽子经济过程。在这个过程中，不仅有技术本身的研发，同时也需要各个环节之间进行创新和协同。因此，在技术创新的每一个阶段，都应当体现企业的创新价值取向、创新目标和发展目标，最终促使企业价值观的形成和发展。需要指出，TY 制药在循序渐进地培育创新价值观的过程中要重点把握住两点：一是让企业员工尤其是科研人员成为技术创新的主体，充分尊重员工的创新行为，这一主体地位的确立对于调动员工创新积极性、提升员工科研素质是非常重要的；二是要对典型科研人物的事迹加大宣传，以便让全体员工对企业的创新价值取向心领神会，这样能更好地激励员工致力于技术创新的实践。TY 制药善于通过技术创新来培育企业精神。技术创新是一项带有挑战性、复杂性的系统工程。在创新的过程中，既要发挥个人的创造性，也要讲究个人之间、部门之间的协同性与集体智慧。在技术本身的研发、工程化生产再到市场的开发，整个过程都离不开艰苦开拓。TY 制药以此为契机培育这样一种开拓精神，使得个人敢于冒险和进取，促使个人的创造力和集体的协作精神得到很好的有机结合，通过技术创新实践培育创新的企业精神。

另外，通过树立创新模范人物来培育企业精神也是非常重要的手段，通过对企业中取得丰硕科研成果的关键科技人员进行表彰和宣传，能够产生很强的榜样效应，对其他科研人员是一种极大的鼓励，这对于企业精神的塑造是大有裨益的。TY 制药积极通过技术创新来塑造和提升企业的形象。技术创新对企业形象的影响可以从两个层面来体现，一是通过技术创新可以改进和革新工艺，从而提高产品质量、降低产品成本、改善产品外观和性能。而产品和服务是企业直接面向客户的窗口，通过创新毫无疑问会塑造和改善企业的形象，二是通过创新能够提升全体员工的素质，这样更加深层次地塑造和改善了企业的形象。企业要通过技术创新从以上两个层面塑造企业在客户以及社会公众心目中的良好形象。

### 四　内部控制机制

#### （一）财务管理制度

资金是一个企业经营运转的血液。为保障企业研发、生产、营销等方面的资金需求，合理分配资金使用额度，同时也为提高企业协同创新管理效应，提高创新绩效，TY 制药制定了一整套完善的财务管理制度：

（1）筹集资金和有效使用资金，监督资金正常运行，维护资金安全，努力提高公司经济效益。

（2）做好财务管理基础工作，建立健全财务管理制度，认真做好财务收支的计划、控制、核算、分析和考核工作。

（3）加强财务核算的管理，以提高会计资讯的及时性和准确性。

（4）监督公司财产的购建、保管和使用，定期进行财产清查。

（5）按期编制各类会计报表和财务说明书，做好财务分析、考核工作。

（6）公司应根据审核无误的原始凭证编制记账凭证。记账凭证的内容必须具备：填制凭证的日期、凭证编号、经济业务摘要、会计科目、金额、所附原始凭证张数、填制凭证人员，复核人员、会计主管人员签名或盖章，收款和付款记账凭证还应由出纳签名或盖章。

（7）健全会计核算，按照国家统一的会计制度的规定和会计业务的需要设置会计账簿。会计核算应以实际发生的经济业务为依据，按照规定的会计处理方法进行，保证会计指标的口径一致，同时保证会计处理方法前后相一致。

（8）做好会计审核工作，经办财务人员应认真审核每项业务的合法性、真实性、手续完整性和资料的准确性。编制会计凭证、报表时应经专人复核，重大事项应由财务负责人复核。

（9）会计人员根据不同的账务内容，定期对会计账簿记录的有关数据与库存实物、货币资金、有价证券、往来单位或个人等进行相互核对，保证账证相符、账实相符、账表相符。

（10）建立会计档案，包括会计凭证、会计账簿、会计报表和其他会计资料都应建立档案，按《会计档案管理办法》的规定进行保管和销毁。

（二）成本管理

企业为加强收入管理，提高绩效管理促进创新动力，加强了对企业收入和成本费用的管理：

（1）公司在经营活动中发生的与业务有关的支出，按规定计入成本费用，成本费用是管理公司经济效益的重要内容。控制好成本费用，对堵塞管理漏洞，提高公司经济效益具有重要作用。

（2）公司各项成本费用由财务部负责管理和核算，费用支出的管理实行预算控制，财务部要定期进行成本费用检查、分析、制定降低成本的措施。

（3）公司利润总额按国家有关规定作相应调整后，按税法规定缴纳所得税后的利润，按以下顺序分配：①弥补公司以前年度亏损。②提取法定盈余公积金，法定盈余公积金按照税后利润扣除前两项后的 10% 提取，盈余公积金达注册资本的 50% 时不再提取。③提取公益金，按税后利润的 5% 计提，主要用于公司的职工集体福利支出。④向投资者分配利润，根据股东会决议，向投资者分配利润。⑤每年将销售收入的 6% 作为新产品和研发费用。

（三）资本金管理

企业对资本金的管理也制定了相应的管理制度：

（1）资本金是公司经营的核心资本，必须加强资本金管理。公司筹集的资本金必须聘请中国注册会计师验资，根据验资报告向投资者开具出资证明，并据此入账。

（2）经公司董事会提议，股东会批准，可以按章程规定增加资本，财务部应根据业务发生的实际情况，及时调整实收资本。

（3）公司股东之间可相互转让其全部或部分出资。股东可按照公司章程的规定，向股东以外的人转让出资和购买其他股东转让的出资，财务部应据实及时调整。

（4）公司以负债形式筹集资金，须努力降低筹资成本，同时应按月计提利息支出，并计入成本。

（5）加强应付账款和其他应付款的管理，及时核对余额，保证负债的真实性和准确性。凡一年以上应付而未付的款项应查找原因，对确实无法付出的应付款项报公司董事会批准后处理。

（四）企业对流动资产的管理

（1）现金的管理：严格执行人民银行颁布的《现金管理暂行条例》，根据本公司实际需要，合理核实现金的库存限额，超出限额部分要及时送存银行。

（2）严禁白条抵库和任意挪用现金，出纳必须每日结出现金日记账的账面余额，并与库存现金相核对，发现不符要及时查明原因。财务负责人对库存现金进行定期或不定期检查，以保证现金的安全和完整，一切现金收付都必须有合法的原始凭证。

（3）银行存款的管理：加强对银行账户及其他账户的保密工作，非因业务需要不准外泄，银行账户印鉴实行分管、并用制，不得一人统一保管使用，严禁在任何空白合同上加盖银行账户印鉴。

（4）出纳要随时掌握银行存款余额，不准签发空头支票，不准将银行账户出借给任何单位和个人办理结算或套取现金。在每月月末要做好与银行的对账工作，并编制银行存款余额调节表，对未达账项进行分析，查找原因并报财务主管。

（5）应收账款的管理：对应收账款，每季末做一次账龄和清收情况的分析，并报有关领导和分管业务部门，督促业务部门积极催收，避免形成坏账，坏账准备按应收账款年末余额的5‰提。

（6）其他应收款的管理：应按户分页记账，要严格个人借款审批程序，借款的审批程序按《各项开支管理办法》执行。借用现金的，必须用于现金结算范围内的各种费用的支付。

（7）短期投资的管理：短期投资是指一年内能够并准备变现的投资，短期投资必须在公司授权范围内进行，按现行财务制度规定记账、核算收入、成本和损益。

（五）企业对长期资产的管理

（1）长期投资的管理，长期投资是指不准备在一年内变现的投资，分为股权投资和债权投资。公司进行长期投资应认真做好可行性分析和认证，按公司审批许可权的规定批准后，由财务部办理入账手续。公司对被投资单位没有实际控制权的长期投资，采用成本法核算；拥有实际控制权的长期投资，采用权益法核算。

（2）固定资产的管理，有下列情况的资产应纳入固定资产进行核算：使用期限在一年以上、单位价值在 2000 元以上的房屋、建筑物、机器、机械、运输工具和其他与经营有关的设备器具、工具等。

（3）固定资产要做到有账、有卡，账实相符。财务部应建立固定资产明细账，负责固定资产的价值核算与管理，设备部负责实物的记录、保管和卡片登记工作。

（4）固定资产的购置和调入均按实际成本入账，固定资产折旧采用直线法分类计提。

（5）已经提足折旧、继续使用的固定资产不再提取折旧，提前报废的固定资产，不再补提折旧。当月增加的固定资产，当月不提折旧，当月减少的固定资产，当月照提折旧。

（6）对固定资产和其他资产要进行定期盘点，每年年末由设备部负责盘点一次，盘点中发现短缺或盈余，应及时查明原因，并编制盘盈盘亏表，报财务部审核、董事长审批后进行账务处理。

（7）无形资产指被公司长期使用而没有实物形态的资产，包括专利权、土地使用权、商誉等。无形资产按实际成本入账，在受益期内或有效期内按不短于 10 年的期限摊销。

（8）长期待摊费用是指不能全部计入当期损益，需要在以后年度内分期摊销的各项费用，包括开办费、租入固定资产的改良支出和摊销期限超过一年且金额较大的修理费支出。开办费自营业之日起，分期摊入成本，分摊期不短于 5 年，以经营租入的固定资产改良支出，在有效租赁期内分期摊销。

## 五　人力资源保障

山东 TY 医药公司在创新管理实践中总结出，技术创新的每一个过程和环节都离不开人力资源的保障，尤其是与技术创新直接相关的人力资源的支撑。企业在创新实施中要努力寻求技术与人力资源要素的协同发展。一方面，在技术开发过程中，研发与技术人员要通过"干中学"的方式以项目历练为契机努力提升自己的人力资本存量，做到以项目技术研发带动人力资本增值的效果；另一方面，要通过人力资本的增值特别是研发型人力资本的增值来带动研发项目技术含量的迁跃，从而提升技术创新的水平。只有把握好这两方面的工作，才能真正实现技术与人力资本要素的良性互动与协同发展。而要达到这一目标，重点要做好这样几项工作。

第一，科学合理地设计好待研究的技术科研项目，科研项目的立项要兼顾前瞻性和实用性的原则。科研项目本身就是对相关人力资本的一种激励前瞻性的战略性的研究项目能够为企业在实践中培养出高精尖的科技人才，有利于增加企业的高层次研发型人力资本存量、提升企业的前沿技术水平。而实用性的技术开发对于为企业培养出高质量的技能型人力资本具有重要的作用。因此 TY 制药通过合理安排企业项目研究的类型来达到提升各类型人力资本的目的，实现以技术促进人力资本良性发展的目标。

　　第二，TY 制药通过合理激励与技术创新相关的每一类人力资本来激发其创新积极性，提升企业的技术创新水平，实现人力资本促进技术良性发展的目的。对各类型人力资本具体分析其特性再采取相应的激励措施，重点突出激励的特色。对研发型人力资本而言，在确保有效的薪酬激励基础上特别关注其职位晋升和控制权的获取问题。由于研发人员和管理人员相比明显缺少行政职位和相应的行政控制权力，故企业设法在这个方面适当给予替代性的弥补。控制权有很多表现形式，对企业行政事务的管理体现出行政控制权，而研发型人员通常很难获得这种行政控制权，故企业充分赋予其对创新项目相关资源的控制权，比如对项目参与人员的配备、具体项目经费的调配、项目进度的掌控等。这种权力可以替代性地满足研发型人员对控制权的欲望，使其感觉到在企业中受到了充分的尊重，体现了其在某些方面的决策权力。对技能型人力资本而言，技能型人力资本激励的侧重点和研发型人力资本也应有所不同。目前技能型人力资本总的来说工资水平较低，在企业中的地位比起研发型人力资本要相对低一些。提高他们的工资奖金等物质待遇是激励机制中的重中之重，这也符合马斯洛的需求层次理论。当然加强培训、参与管理以及其他精神激励也是技能型人力资本激励要考虑的内容。对于管理型人力资本而言，主要突出对其激励的侧重点，这类人力资本的拥有者对于职位晋升和企业产权的拥有通常很感兴趣。职位晋升能充分体现其社会价值的实现，而企业产权（股权）的拥有能够使其从付出辛勤工作之后所带来的企业价值提升中得到关联回报。因此，TY 制药在这两个方面做文章以便对管理人员产生最大的激励效果。对于营销型人力资本而言，激励的目的一是要让其尽量向市场推广企业创新的产品，二是要让其及时准确地为企业的技术创新工作反馈市场需求的信息。因此，通过构建与新产品销售量挂钩的薪酬制度以及设计技术创断建议奖励制度对于这类人力资本的激励来说是非常必要的。

第三，通过合理处理创新成果的归属问题来营造公平的环境，促进技术与人力资本要素的共生共荣。第一个首要问题就是科学合理地度量各相关参与者在一项创新项目实施中的贡献程度。一项技术成果从研发到中试再到工业化生产，往往汇聚了集体智慧，不是单凭某一个人的力量就能解决得了的。那么，就要科学合理地将各类创新参与主体的贡献分清楚，比如研发项目负责人、主要技术骨干以及成果转化过程中各类技术人员的贡献度。第二个问题是成果之间的排名问题。企业往往在同一时期不只开展一项技术创新活动。那么各项成果之间就要进行科学的比较，以便最终给予相应的物质或精神的激励。在对不同成果的贡献度进行评价的过程中，TY 制药通过设置合理的评价指标体系，最终对各项成果进行打分并加权，得出一个综合加权评价值，以此为依据对不同成果进行排序，再来对其进行奖励等其他事项。最后，面临一个对成果进行奖励的话题。奖励要做到横向公平与纵向公平的统一。所谓横向公平，就是奖励额度在不同成果间进行比较时要是公平的，哪项成果得分高，就应该获得更高的奖励额度；所谓纵向公平，是对于某一项授奖成果而言，当与过去同等档次的成果授奖额度相比较时，应该是公平的。只有做好了这两个公平，才能使奖励对创新人员起到应有的激励作用，使得下一轮创新更加具有动力。

### 六　市场营销保障

山东 TY 医药公司认为，实施协同管理的医药企业要在竞争日益激烈的环境中保持可持续发展的态势以及构建自身的竞争优势，就必须懂得技术与市场兼顾、提高技术与市场两者在发展过程中协同的重要性。技术创新不仅仅指技术层面的研发，其内涵还包括研发后的市场拓展。一切的研发结果最终要为市场所接受才能创造经济效益，最终促使企业竞争力的提升。因此，市场营销环节是一个至关重要的环节。在技术创新的过程中，若企业不考虑市场需求而盲目地开发新产品、新工艺，这样的行为会导致风险的累积，一方面开发出的技术成果很有可能在生产环节得不到有效应用（从广义上讲，生产环节相对于研发环节而言也属于内部市场），这就产生了风险。另一方面，生产出来的新产品很有可能不被最终客户所接受。这样一来，就会使得风险产生蝴蝶效应，最终导致整个技术创新过程的彻底失败。如果企业在技术创新过程中，及时研究市场信息，捕捉客户的需求，从客户需求中寻找研发的灵感，将市场需求与技术创新过程中的研发环节很好地协同起来，就能减少技术创新的风险，使得技术与市场有机结合，将这种结合转化为企业的经济优势，因此，技术创新（狭义地讲，指研发环节）与市场营销（从广义上讲，指企业内部市场与外部市场）的协同尤为重要。

TY 制药目前的技术创新有一个显著特点，就是从创新的内容看，主要涉及工艺技术方面的创新，产品的创新不占主导地位，即所谓的仿制创新。基于这一特点，本书在此探讨技术创新与市场营销的协同时，将市场这个概念进行延伸，既包括内部市场，也包括外部最终消费者市场。内部市场主要是指生产运作（制造）部门，相对于研发部门来讲，生产运作部门是其内部的客户，当研发部门的技术向生产环节转移时，面临的客户就是生产部门，此时就出现了技术成果内部市场营销的问题。当生产出来的最终产品向企业外部消费者转移时，就产生了外部市场营销的问题。因此，TY 制药建立的内部协同创新机制是技术创新与内部市场营销（即面向生产运作环节营销）以及外部市场营销的协同，并且此处引入界面管理的概念来分析技术创新与市场营销的协同。

山东 TY 医药公司在协同创新管理实践中发现，"研发—生产—市场"过程管理问题的引入，企业有很多工作不是单独一个人或一个部门甚至是单独一个企业能圆满解决的，往往需要团队乃至跨部门、跨企业的联合攻关。此时，企业管理者要处理各种资源（信息、财物等）在各个主体间的交流事宜，化解创新过程中各方在分工与协作方面存在的各种矛盾和冲突，降低交易费用，最终提升企业的管理效益，这便是过程管理的内容和目的企业的研发部门承担着"发动机"的功能，旨在为企业开发出具有经济前景和商业价值的新的或改进产品，或是对企业工艺技术进行革新以降低生产成本。而营销部门的职能是根据市场客户的需求提出新产品的概念而要求研发部门从事技术研发工作，并且将生产出来的新产品在市场中有效推广。生产制造部门也可以看作是技术研发部门的企业内部客户，因此生产制造部门可以提出新工艺技术的概念而要求研发部门从事相应技术研发工作。

总之，TY 制药在技术创新过程中存在的过程管理工作，需要认真研究对待。TY 制药的内部协同创新机制能够处理好技术创新（狭义上指研发）—生产制造—市场营销之间的关系，处理好彼此的矛盾冲突，能够降低技术创新过程中的各种风险和技术创新的交易费用，缩短创新周期，提高技术创新成果的转化率，进而有效提升技术创新绩效和整个企业的竞争优势。由此可见，搞好研发—生产—营销之间的过程管理工作是确保企业技术创新工作有效实施的内在要求。

山东 TY 医药公司通过对企业协同过程障碍进行分析发现，在技术创新的整个过程中，研发—生产—营销之间的关系是最为重要的协同关系，它们之间存在的协同问题也是最为主要的问题。通常情况下，彼此总是抱怨对方的工作，抱怨的原因主要是指对方没有很好地配合自己的工作，为自己提供的信息不及时、准确度不高、数量不符合要求等。事实上，在研发—生产—营销之间往往存在阶段性的协同障碍。在技术创新的研发阶段，研发过程中往往没有充分地让生产部门和营销部门的人员参与进来，生产环节和营销环节没有充分表达对新产品设计或新工艺开发的种种意见，没有充分反映企业内部客户以及外部客户对新工艺技术或新产品的内在需求。这样一来，使得研发过程变成了孤军奋战，研发出来的成果在下一环节的应用效果存在很大的不确定性。在技术创新的成果工业化及新产品的营销阶段，也同样存在协同障碍问题。这个阶段问题的主要表现是研发部门没有有效地介入到营销环节中去。由于营销人员对新产品的技术问题不是相当熟悉，造成了在面对客户时无法解答客户提出的技术问题的现象。最终使得产品的推广受阻，进而影响到整个技术创新的绩效。另外，在营销环节，营销部门的人员也往往未能及时将客户反映的问题传递到研发部门，有时营销人员就新产品的技术问题提出一些建议，也得不到研发部门的重视。

TY 制药通过调研发现，企业在技术创新过程中面临的界面问题是非常复杂的，导致问题产生的原因也是多方面的。但归根结底，有两个方面的原因最为重要：一是信息不对称，交流沟通存在障碍；二是各个部门有不同的部门文化，从而形成了不同的价值观，彼此对待工作的看法和价值取向不一致，具体来讲，由于各自所处部门不同，因此各自所掌握的信息是非对称的，而且这些信息往往不能及时与需要它的部门进行沟通，也就是存在所谓信息黏滞。这是导致协同障碍的一个重要的客观原因。

至于不同部门有不同的价值观，彼此利益追求不一致，这也是一个重要因素。研发部门总认为自己与其他部门比起来技术一流，用不着其他部门的人员来干涉研发进程，而生产部门以及营销部门的人员总是更倾向于对权力的追求，不太愿意关注研发部门的工作，再加上研发、生产、营销部门在整个企业内部的受重视程度是不一样的，这些因素往往导致不同部门在合作中矛盾与冲突的存在。

促进研发、生产制造与市场营销协同的措施。以上分析了 TY 制药在技术创新过程中所存在的研发—生产—营销之间的界面管理问题以及造成这些问题的主要原因。那么，接下来就有必要探讨对这些问题的解决，最终提高研发—生产—营销之间的协同度。TY 制药总体的解决思路就是，优化企业的组织结构设置，使信息交流变得顺利；营造学习型组织的文化氛围，使得企业不同部门懂得彼此学习交流的重要性；企业高层对待不同职能部门的考核激励要公平，这样才能为部门之间的协同创造良好的心理基础。为了使 TY 制药的技术创新与市场营销工作协同发展，在组织机构的建立与完善工作中，TY 制药在技术中心的组织机构设置上，分别设立一位由主管企业市场营销工作的企业高层领导兼职的技术中心副总监、一位由主管企业技术研发工作的企业高层领导兼职的技术中心副总监以及一位由主管企业生产制造工作的企业高层领导兼职的技术中心副总监。这样就能更好地处理创新过程中因种种不协调而引起的摩擦和纠纷，也会最大限度地促进各部门之间的交流，调动各参与主体的创新热情。另外，建立部际联席会议制度也是非常有效的，通过制度规定研发—生产—营销各部门定期召开部际联席会议，基于这种制度相互交流沟通在技术创新过程中遇到的种种问题，以便得到及时的解决。

## 第五节　山东 TY 医药公司内部协同<br>创新协同度的测度

本书选择山东 TY 医药有限公司近五年的经营硬性指标进行实证分析，经过整理相关数据如表 9 – 3 所示。

由于民医药营企业协同创新管理涉及的过程复杂，因此本书采用均值化方法对不同部门的数据进行了无量纲化处理，如表 9 – 4 所示。

表9-3　　　　　　　山东 TY 医药有限公司研发数据　　　　单位：亿

| 指标类别 | 指标名称 | 2011 年 | 2012 年 | 2013 年 | 2014 年 | 2015 年 |
|---|---|---|---|---|---|---|
| 投入指标 | 研发融资规模 | 0 | 0 | 0 | 0 | 0 |
| | 研发人员数量 | 82 | 86 | 94 | 87 | 93 |
| | 研发人员投入比率 | 1 | 1 | 1 | 1 | 1 |
| | 研发费用 | 0.4 | 0.48 | 0.45 | 0.5 | 0.6 |
| | 研发费用投入比率 | 1 | 1 | 1 | 1 | 1 |
| | 研发人员培训投入 | 5 | 5.5 | 5.9 | 6.4 | 6.2 |
| | 管理人员培训投入 | 2 | 3 | 2 | 1 | 1.5 |
| | 新产品市场开发投入 | 0.34 | 0.35 | 0.35 | 0.3 | 0.4 |
| 过程指标 | 研发融资成本 | 0 | 0 | 0 | 0 | 0 |
| | 研发资产的利用率 | 0 | 0 | 0 | 0 | 0 |
| | 新产品的开发周期 | 18 | 15 | 16 | 17 | 17 |
| | 新产品的生产成本 | 10.62 | 11 | 12 | 12.3 | 12.5 |
| | 新产品的生产成本比率 | 0.8 | 0.82 | 0.83 | 0.83 | 0.85 |
| | 新产品的生产费用 | 7.22 | 7.35 | 7.46 | 7.89 | 8.2 |
| | 新产品的生产费用比率 | 0.54 | 0.54 | 0.55 | 0.58 | 0.6 |
| 产出指标 | 研发平台的资产规模 | 0.16 | 0.17 | 0.17.5 | 0.18 | 0.19 |
| | 专利数量 | 138 | 138 | 142 | 153 | 160 |
| | 技术改进数量 | 102 | 101 | 99 | 5 | 2 |
| | 培养的科研带头人 | 5 | 2 | 6 | 4 | 3 |
| | 技术论文数量 | 4 | 3 | 5 | 2 | 4 |
| | 新产品数量 | 21 | 20 | 19 | 15 | 17 |
| | 新产品产值 | 20.9 | 20 | 17 | 11 | 13 |
| | 新产品销售利润率 | 0.1 | 0.09 | 0.09 | 0.082 | 0.09 |
| | 新产品市场占有率 | 0.2 | 0.21 | 0.2 | 0.22 | 0.2 |
| | 产品销售收入 | 1.02 | 1.13 | 1.26 | 1.28 | 1.31 |

资料来源：根据山东 TY 医药有限公司资料整理。

随后，根据相关数据计算表比较数列、参考数列和绝对差（见表9-5），之后找出数列中的两极最大差和最小差，根据式（6-1）计算各因素之间的关联系数并求平均值。

表 9 - 4　无量纲化数据

| 指标类别 | 指标名称 | 2011 年 | 2012 年 | 2013 年 | 2014 年 | 2015 年 | 均值 |
|---|---|---|---|---|---|---|---|
| 投入指标 | 研发人员数量 | 82 | 86 | 94 | 87 | 93 | 88.4 |
| | | 0.92760181 | 0.972850679 | 1.063348416 | 0.9841629 | 1.052036199 | |
| | 研发人员投入比率 | 1 | 1 | 1 | 1 | 1 | 1 |
| | | 1 | 1 | 1 | 1 | 1 | |
| | 研发费用 | 0.4 | 0.48 | 0.45 | 0.5 | 0.6 | 0.486 |
| | | 0.823045267 | 0.987654321 | 0.925925926 | 1.0288066 | 1.234567901 | |
| | 研发费用投入比率 | 1 | 1 | 1 | 1 | 1 | 1 |
| | | 1 | 1 | 1 | 1 | 1 | |
| | 研发人员培训投入 | 5 | 5.5 | 5.9 | 6.4 | 6.2 | 5.8 |
| | | 0.862068966 | 0.948275862 | 1.017241379 | 1.1034483 | 1.068965517 | |
| | 管理人员培训投入 | 2 | 3 | 2 | 1 | 1.5 | 1.9 |
| | | 1.052631579 | 1.578947368 | 1.052631579 | 0.5263158 | 0.789473684 | |
| | 新产品市场开发投入 | 0.34 | 0.35 | 0.35 | 0.3 | 0.4 | 0.348 |
| | | 0.977011494 | 1.005747126 | 1.005747126 | 0.862069 | 1.149425287 | |

续表

| 指标类别 | 指标名称 | 2011 年 | 2012 年 | 2013 年 | 2014 年 | 2015 年 | 均值 |
|---|---|---|---|---|---|---|---|
| 投入指标 | 新产品的开发周期 | 18 | 15 | 16 | 17 | 17 | 16.6 |
| | | 1.084337349 | 0.903614458 | 0.963855422 | 1.0240964 | 1.024096386 | |
| | 新产品的生产成本 | 10.62 | 11 | 12 | 12.3 | 12.5 | 11.684 |
| | | 0.908935296 | 0.941458405 | 1.027045532 | 1.0527217 | 1.069839096 | |
| | 新产品的生产成本比率 | 0.8 | 0.82 | 0.83 | 0.83 | 0.85 | 0.826 |
| | | 0.968523002 | 0.992736077 | 1.004842615 | 1.0048426 | 1.02905569 | |
| | 新产品的生产费用 | 7.22 | 7.35 | 7.46 | 7.89 | 8.2 | 7.624 |
| | | 0.947009444 | 0.96406086 | 0.978488982 | 1.0348898 | 1.075550892 | |
| | 新产品的生产费用比率 | 0.54 | 0.54 | 0.55 | 0.58 | 0.6 | 0.562 |
| | | 0.960854093 | 0.960854093 | 0.978647687 | 1.0320285 | 1.067615658 | |
| | 研发平台的资产规模 | 0.16 | 0.17 | 0.17 | 0.18 | 0.19 | 0.175 |
| | | 0.914285714 | 0.971428571 | 0.971428571 | 1.0285714 | 1.085714286 | |
| | 专利数量 | 138 | 138 | 142 | 153 | 160 | 146.2 |
| | | 0.943912449 | 0.943912449 | 0.97127223 | 1.0465116 | 1.094391245 | |
| | 技术改进数量 | 102 | 101 | 99 | 105 | 102 | 101.8 |
| | | 1.001964637 | 0.992141454 | 0.972495088 | 1.0314342 | 1.001964637 | |

续表

| 指标类别 | 指标名称 | 2011 年 | 2012 年 | 2013 年 | 2014 年 | 2015 年 | 均值 |
|---|---|---|---|---|---|---|---|
| 投入指标 | 培养的科研带头人 | 5 | 2 | 6 | 4 | 3 | 4 |
| | | 1.25 | 0.5 | 1.5 | 1 | 0.75 | |
| | 技术论文数量 | 4 | 3 | 5 | 2 | 4 | 3.6 |
| | | 1.111111111 | 0.833333333 | 1.388888889 | 0.5555556 | 1.111111111 | |
| | 新产品数量 | 21 | 20 | 19 | 15 | 17 | 18.4 |
| | | 1.141304348 | 1.086956522 | 1.032608696 | 0.8152174 | 0.923913043 | |
| | 新产品产值 | 20.9 | 20 | 17 | 11 | 13 | 16.38 |
| | | 1.275946276 | 1.221001221 | 1.037851038 | 0.6715507 | 0.793650794 | |
| | 新产品销售利润率 | 0.1 | 0.09 | 0.09 | 0.082 | 0.09 | 0.0904 |
| | | 1.10619469 | 0.995575221 | 0.995575221 | 0.9070796 | 0.995575221 | |
| | 新产品市场占有率 | 0.2 | 0.21 | 0.2 | 0.22 | 0.2 | 0.206 |
| | | 0.970873786 | 1.019417476 | 0.970873786 | 1.0679612 | 0.970873786 | |
| | 产品销售收入 | 1.02 | 1.13 | 1.26 | 1.28 | 1.31 | 1.2 |
| | | 0.0085 | 0.941666667 | 1.05 | 1.0666667 | 1.091666667 | |

表 9 - 5    绝对差值表

| 指标类别 | 指标名称 | 2011 年 | 2012 年 | 2013 年 | 2014 年 | 2015 年 | 均值 |
|---|---|---|---|---|---|---|---|
| 投入指标 | 研发人员数量 | 82 | 86 | 94 | 87 | 93 | 88.4 |
| | | 0.9276018 | 0.9728507 | 1.0633484 | 0.9841629 | 1.0520362 | |
| | | 0.0776018 | 0.031184 | 0.0133484 | 0.0825038 | 0.0396305 | 1.5844899 |
| | | 0.9051129 | 1.7861774 | 2.8534613 | 0.8602986 | 1.5173989 | 1 |
| | 研发人员投入比率 | 1 | 1 | 1 | 1 | 1 | |
| | | 1 | 1 | 1 | 1 | | |
| | | 0.15 | 0.0583333 | 0.05 | 0.0666667 | 0.0916667 | 1.5340901 |
| | | 0.8888888 | 1.8113208 | 2 | 1.6551724 | 1.3150685 | |
| | 研发费用 | 0.4 | 0.48 | 0.45 | 0.5 | 0.6 | 0.486 |
| | | 0.8230452 | 0.9876543 | 0.9259259 | 1.0288066 | 1.2345679 | |
| | | 0.0269547 | 0.0459877 | 0.1240741 | 0.0378601 | 0.1429012 | 1.7454181 |
| | | 2.6702482 | 1.9886865 | 0.9714247 | 2.2319604 | 0.8647708 | |
| | 研发费用投入比率 | 1 | 1 | 1 | 1 | 1 | 1 |
| | | 1 | 1 | 1 | 1 | 1 | |
| | | 0.15 | 0.0583333 | 0.05 | 0.0666667 | 0.0916667 | 1.5340901 |
| | | 0.8888888 | 1.8113208 | 2 | 1.6551724 | 1.3150685 | |

续表

| 指标类别 | 指标名称 | 2011 年 | 2012 年 | 2013 年 | 2014 年 | 2015 年 | 均值 |
|---|---|---|---|---|---|---|---|
| 投入指标 | 研发人员培训投入 | 5 | 5.5 | 5.9 | 6.4 | 6.2 | 5.8 |
|  |  | 0.8620689 | 0.9482759 | 1.0172414 | 1.1034483 | 1.0689655 |  |
|  |  | 0.0120689 | 0.0066092 | 0.0327586 | 0.0367816 | 0.0227011 |  |
|  |  | 1.9615384 | 2.7283951 | 0.9498567 | 0.8632813 | 1.2676864 | 1.5541516 |
|  | 管理人员培训投入 | 2 | 3 | 2 | 1 | 1.5 | 1.9 |
|  |  | 1.0526315 | 1.5789474 | 1.0526316 | 0.5263158 | 0.7894737 |  |
|  |  | 0.2026315 | 0.6372807 | 0.0026316 | 0.5403509 | 0.302193 |  |
|  |  | 1.9322349 | 0.8340216 | 4.9028995 | 0.9550768 | 1.4844835 | 2.0217433 |
|  | 新产品市场开发投入 | 0.34 | 0.35 | 0.35 | 0.3 | 0.4 | 0.348 |
|  |  | 0.9770114 | 1.0057471 | 1.0057471 | 0.862069 | 1.1494253 |  |
|  |  | 0.1270114 | 0.0640805 | 0.0442529 | 0.2045977 | 0.0577586 |  |
|  |  | 1.2710472 | 2.0328407 | 2.5060729 | 0.869382 | 2.1630751 | 1.7684836 |
|  | 新产品的开发周期 | 18 | 15 | 16 | 17 | 17 | 16.6 |
|  |  | 1.0843373 | 0.9036145 | 0.9638554 | 1.0240964 | 1.0240964 |  |
|  |  | 0.2343373 | 0.0380522 | 0.0861446 | 0.0425703 | 0.0675703 |  |
|  |  | 0.860397 | 2.8491369 | 1.8189915 | 2.7052088 | 2.1142306 | 2.069593 |
|  |  | 0.9089352 | 0.9414584 | 1.0270455 | 1.0527217 | 1.0698391 |  |
|  |  | 0.0589352 | 0.0002083 | 0.0229545 | 0.013945 | 0.0218276 |  |
|  |  | 0.8339222 | 4.9166627 | 1.6975923 | 2.2919642 | 1.7545024 | 2.2989288 |

续表

| 指标类别 | 指标名称 | 2011 年 | 2012 年 | 2013 年 | 2014 年 | 2015 年 | 均值 |
|---|---|---|---|---|---|---|---|
| 投入指标 | 新产品生产成本比率 | 0.8 | 0.82 | 0.83 | 0.83 | 0.85 | 0.826 |
| | | 0.968523 | 0.9927361 | 1.0048426 | 1.0048426 | 1.0290557 | |
| | | 0.118523 | 0.0510694 | 0.0451574 | 0.0618241 | 0.062611 | |
| | | 0.8968335 | 1.7058665 | 1.8523207 | 1.4913655 | 1.4777689 | 1.484831 |
| | 新产品的生产费用 | 7.22 | 7.35 | 7.46 | 7.89 | 8.2 | 7.624 |
| | | 0.9470094 | 0.9640609 | 0.978489 | 1.0348898 | 1.0755509 | |
| | | 0.0970094 | 0.0223942 | 0.071511 | 0.0317768 | 0.0161158 | |
| | | 0.861021 | 2.3981338 | 1.1025123 | 1.9584814 | 2.820493 | 1.8284396 |
| | 新产品生产费用比率 | 0.54 | 0.54 | 0.55 | 0.58 | 0.6 | 0.562 |
| | | 0.960854 | 0.9608541 | 0.9786477 | 1.0320285 | 1.0676157 | |
| | | 0.110854 | 0.0191874 | 0.0713523 | 0.0346382 | 0.024051 | |
| | | 0.8621812 | 2.7731249 | 1.2263445 | 2.0188975 | 2.4813294 | 1.8723755 |
| | 研发平台的资产规模 | 0.16 | 0.17 | 0.17 | 0.18 | 0.19 | 0.175 |
| | | 0.9142857 | 0.9714286 | 0.9714286 | 1.0285714 | 1.0857143 | |
| | | 0.0642857 | 0.0297619 | 0.0785714 | 0.0380952 | 0.0059524 | |
| | | 0.9970238 | 1.7539267 | 0.8459596 | 1.4823009 | 3.6813187 | 1.7521059 |

续表

| 指标类别 | 指标名称 | 2011 年 | 2012 年 | 2013 年 | 2014 年 | 2015 年 | 均值 |
|---|---|---|---|---|---|---|---|
| 投入指标 | 专利数量 | 138 | 138 | 142 | 153 | 160 | 146. 2 |
| | | 0.9439124 | 0.9439124 | 0.9712722 | 1.0465116 | 1.0943912 | |
| | | 0.0939124 | 0.0022458 | 0.0787278 | 0.020155 | 0.0027246 | |
| | | 0.8373189 | 4.4873685 | 0.9677095 | 2.4234102 | 4.3874695 | 2.6206553 |
| | 技术改进数量 | 102 | 101 | 99 | 105 | 102 | 101. 8 |
| | | 1.0019646 | 0.9921415 | 0.9724951 | 1.0314342 | 1.0019646 | |
| | | 0.1519646 | 0.0504748 | 0.0775049 | 0.0352325 | 0.089702 | |
| | | 0.8719744 | 1.9663117 | 1.4737193 | 2.4230117 | 1.324045 | 1.6118124 |
| | 培养的科研带头人 | 5 | 2 | 6 | 4 | 3 | 4 |
| | | 1.25 | 0.5 | 1.5 | 1 | 0.75 | |
| | | 0.4 | 0.4416667 | 0.45 | 0.0666667 | 0.3416667 | |
| | | 0.9455782 | 0.8714734 | 0.8580247 | 2.9574468 | 1.0733591 | 1.3411764 |
| | 技术论文数量 | 4 | 3 | 5 | 2 | 4 | 3. 6 |
| | | 1.1111111 | 0.8333333 | 1.3888889 | 0.5555556 | 1.1111111 | |
| | | 0.2611111 | 0.1083333 | 0.3388889 | 0.5111111 | 0.0194444 | |
| | | 1.4174312 | 2.4459103 | 1.1675063 | 0.8396739 | 4.2328767 | 2.0206797 |

续表

| 指标类别 | 指标名称 | 2011 年 | 2012 年 | 2013 年 | 2014 年 | 2015 年 | 均值 |
|---|---|---|---|---|---|---|---|
| 投入指标 | 新产品生产成本比率 | 0.8 | 0.82 | 0.83 | 0.83 | 0.85 | 0.826 |
| | | 0.968523 | 0.9927361 | 1.0048426 | 1.0048426 | 1.0290557 | |
| | | 0.118523 | 0.0510694 | 0.0451574 | 0.0618241 | 0.062611 | |
| | | 0.8968335 | 1.7058665 | 1.8523207 | 1.4913655 | 1.4777689 | 1.484831 |
| | 新产品的生产费用 | 7.22 | 7.35 | 7.46 | 7.89 | 8.2 | 7.624 |
| | | 0.9470094 | 0.9640609 | 0.978489 | 1.0348898 | 1.0755509 | |
| | | 0.0970094 | 0.0223942 | 0.071511 | 0.0317768 | 0.0161158 | |
| | | 0.861021 | 2.3981338 | 1.1025123 | 1.9584814 | 2.8220493 | 1.8284396 |
| | 新产品生产费用比率 | 0.54 | 0.54 | 0.55 | 0.58 | 0.6 | 0.562 |
| | | 0.960854 | 0.9608541 | 0.9786477 | 1.0320285 | 1.0676157 | |
| | | 0.110854 | 0.0191874 | 0.0713523 | 0.0346382 | 0.024051 | |
| | | 0.8621812 | 2.7731249 | 1.2263445 | 2.0188975 | 2.4813294 | 1.8723755 |
| | 研发平台的资产规模 | 0.16 | 0.17 | 0.17 | 0.18 | 0.19 | 0.175 |
| | | 0.9142857 | 0.9714286 | 0.9714286 | 1.0285714 | 1.0857143 | |
| | | 0.0642857 | 0.0297619 | 0.0785714 | 0.0380952 | 0.0059524 | |
| | | 0.9970238 | 1.7539267 | 0.8459596 | 1.4823009 | 3.6813187 | 1.7521059 |

根据表 9-5 中关联系数平均数对各因素进行排序。经排序发现，对山东 TY 医药有限公司创新协同管理影响最大的前六个因素分别是：企业专利数量、新产品开发周期、新产品生产成本、管理培训费用、新产品的生产费用比率和新产品的销售利润率。因此，对山东 TY 医药有限公司来说，企业研发的技术实力、协同管理水平和成本费用控制水平决定了其研发管理协同水平的高低。

## 第六节　山东 TY 医药公司内部协同创新协同度的优化

根据表 9-6 中的影响企业协同度的要素，选取成本及费用要素进行优化。

表 9-6　　　　　　　　　　**成本及费用要素明细**

| 成分 | 不同种类医药产品所含成分数量（单位：500 克） | | | |
| --- | --- | --- | --- | --- |
| | 甲 | 乙 | 丙 | 丁 |
| 成分 A | 0.03 | 0.3 | 0 | 0.15 |
| 成分 B | 0.05 | 0 | 0.2 | 0.10 |
| 成分 C | 0.14 | 0 | 0 | 0.07 |
| 单价（元/500 克） | 0.04 | 0.15 | 0.10 | 0.15 |

注：因公司生产工艺属公司机密，故以成分 A、B、C 及产品甲、乙、丙、丁代替。

$$\text{Min } S = 0.04X_1 + 0.15X_2 + 0.10X_3 + 0.15X_4$$

$$\text{s. t} \begin{cases} 0.03x_1 + 0.3x_2 + 0.15x_4 \geqslant 32 \\ 0.05x_1 + 0.2x_3 + 0.10x_4 \geqslant 24 \\ 0.14x_1 + 0.07x_4 \geqslant 42 \\ x_1, x_2, x_3, x_4 \geqslant 0 \end{cases} \qquad 式（9-1）$$

注：根据公司生产工艺，不同系列产品的原料需求量为 32、24、42 单位（每单位为 500 克）。

引进松弛变量（$X_1$，$X_2$，$X_3$），人工变量（$Y_1$，$Y_2$，$Y_3$），求得最优解。

Min Z = $Y_1$ + $Y_2$ + $Y_3$

S = 0.04$X_1$ + 0.15$X_2$ + 0.10$X_3$ + 0.15$X_4$

$$\text{s. t} \begin{cases} 0.03x_1 + 0.3x_2 + 0.15x_4 - x_5 + y_1 \geqslant 32 \\ 0.05x_1 + 0.2x_3 + 0.10x_4 - x_6 + y_2 \geqslant 24 \\ 0.14x_1 + 0.07x_4 - x_7 + y_3 \geqslant 42 \\ x_1, x_2, x_3, x_4, \cdots, x_7 \geqslant 0; \ y_1, y_2, y_3 \geqslant 0 \end{cases} \qquad 式（9-2）$$

求得 $X_1 = 300$，$X_2 = \dfrac{230}{3}$，$X_3 = 45$，$X_4 = X_5 = X_6 = X_7 = 0$。

即最优值为 28。山东 TY 医药公司经过协同优化后其最优成本为 28 元。

# 第七节　山东 TY 医药公司内部协同创新机制的成果

山东 TY 医药有限公司通过内部协同创新机制促使企业实现了飞跃式的发展。公司固定资产规模持续增加，研发中心正在进一步升级改造中，公司平均每年开发新药三个品种，年销售收入从亏损转变为盈利 1.3 亿元，年产值超过 5 亿元，年利税总额 2000 多万元。公司于 2013 年 12 月 8 日全厂一次性通过国家食品药品监督管理主管部门 GMP 认证，包括提取车间和硬胶囊剂、颗粒剂、滴丸剂、片剂等生产线，目前公司正在积极筹备实现美国 FDA 认证。

# 第十章　结论与展望

## 第一节　主要结论

通过对民营医药企业协同创新管理的研究发现，民营医药企业要建立创新管理的协同性，必须建立民营医药企业内部协同创新机制，包括动力机制、实现机制和保障机制，企业应制定实施民营医药企业内部协同创新机制的实施策略。同时，建立测度民营医药企业内部协同创新机制协同效应的测度模型和优化模型，不断优化企业创新管理的协同性。通过对民营医药企业内部协同创新机制的系统论述以及对山东 TY 医药有限公司的实证分析，本书认为民营医药企业在面对各种市场竞争时最根本的策略还是从企业内部着手，在企业内外部环境的制约下，提高企业内部各要素之间的协同度和协同效应，提高企业的科研水平，更关键的是提高企业研发活动的绩效水平，从而提升企业在市场中的核心竞争力。

## 第二节　研究不足

虽然本书建立了民营医药企业创新管理协同性的测度模型及

优化模型，并依据山东 TY 医药的企业创新管理数据进行了实证研究，但由于案例企业实际运营的时间较短，数据样本容量较小，对本书提出的民营医药企业内部协同机制的协同效应指标及模型进行定量分析研究的验证还不够充分，所以只能通过定量分析与定性分析相结合的方法验证建立民营医药企业内部协同创新机制对提升民营医药创新能力的重要作用和影响。

## 第三节 研究展望

在今后的研究中，通过对企业运营状况的持续跟踪，可以继续通过协同创新理论研究民营企业内部协同创新机制与企业创新能力建设之间的关系。同时，在未来还可以对民营医药企业实施分类研究，如上市民营公司和非上市民营公司，以便可以提出更符合企业运作实际的创新策略提升企业的创新能力。

# 参考文献

一 期刊论文

阿丽塔、刘晓婷、张玢、张燕舞、武志昂：《基于专利计量的中美医药产业创新网络对比分析》，《中国新药杂志》2014 年第 11 期。

阿丽塔、汪楠、田玲：《中美医药产业创新体系对比分析》，《中国药事》2009 年第 1 期。

白列湖：《协同论与管理协同理论》，《甘肃社会科学》2007 年第 5 期。

蔡基宏：《影响中国医药行业创新能力关键因素分析》，《上海经济研究》2009 年第 11 期。

曹净植、肖玲诺：《因子分析法评价医药业上市公司自主创新能力》，《哈尔滨商业大学学报》（自然科学版）2013 年第 5 期。

曹梦玲、赵圆、周丹丹、于海云：《江苏省民营企业科技创新政策协同优化思路》，《经济师》2014 年第 4 期。

曹明兰、罗炳锋：《基于知识产权保护视角探讨我国医药行业的发展》，《科技创新导报》2014 年第 1 期。

曹鹏、王媛、朱昌蕙：《从投入、人才、政策三要素论我国医药产业自主创新》，《现代预防医学》2009 年第 9 期。

曹湘博、曹锦丹：《面向医药企业的个性化专利信息服务模式探讨》，《情报科学》2015 年第 1 期。

陈劲、王方瑞：《中国企业技术和市场协同创新机制初探——基于"环境—管理—创新不确定性"的变量相关分析》，《科学学研究》2006 年第 6 期。

陈劲、谢芳、贾丽娜：《企业集团内部协同创新机理研究》，《管理学报》2006 年第 6 期。

陈劲、阳银娟：《协同创新的理论基础与内涵》，《科学学研究》2012 年第 2 期。

陈劲、阳银娟：《协同创新的驱动机理》，《技术经济》2012 年第 8 期。

陈淑华、周琳：《民营企业文化与创新》，《金融理论与教学》2002 年第 2 期。

陈云娟：《民营企业治理结构与创新动力机制研究》，《中国民营科技与经济》2008 年第 12 期。

陈志军、王晓静、徐鹏：《企业集团研发协同影响因素及其效果研究》，《科研管理》2014 年第 3 期。

程晋玲、徐志伟：《企业家精神与企业创新——中国民营企业创业发展轨迹的思考》，《中国集体经济（下半月）》2007 年第 5 期。

程新富：《利用私募股权投资破解医药行业创新发展难题》，《中国经贸导刊》2014 年第 26 期。

杜栋：《协同、协同管理与协同管理系统》，《现代管理科学》2008 年第 2 期。

樊治平、冯博、俞竹超：《知识协同的发展及研究展望》，《科学学与科学技术管理》2007 年第 11 期。

高院生、吴广谋：《对我国医药企业自主创新演化机制的分析》，《价值工程》2007 年第 8 期。

高增亮、郤菁：《陕西民营医药企业融资现状及方案选择》，《现代企业》2009 年第 8 期。

何文威、李野：《民营医药企业制度创新探析》，《医药世界》2005 年第 10 期。

贺京同、高林：《企业所有权、创新激励政策及其效果研究》，《财经研究》2012 年第 3 期。

贺灵、单汨源、邱建华：《创新网络要素及其协同对科技创新绩效的影响研究》，《管理评论》2012 年第 8 期。

洪银兴：《产学研协同创新的经济学分析》，《经济科学》2014 年第 1 期。

洪银兴：《关于创新驱动和协同创新的若干重要概念》，《经济理论与经济管理》2013 年第 5 期。

胡彩龙、徐怀伏：《医药企业技术创新的动力因素分析》，《中国医药技术经济与管理》2008 年第 9 期。

胡昌明：《协同创新视角下企业高技能人才发展策略探讨》，《宁波大学学报》（人文科学版）2014 年第 3 期。

胡善民：《技术创新与专利和谐关系的构建——以医药企业为例》，《管理观察》2014 年第 26 期。

胡天佑：《用科学发展观指导民营医药企业发展》，《市场周刊》2004 年第 10 期。

黄晓榕、梁小红：《民营企业内部创新机制的缺陷及对策》，《福建教育学院学报》2011 年第 1 期。

吉淦:《医药企业技术创新动力机制的运作机理分析》,《特区经济》2007 年第 9 期。

蒋晓萌:《我国制药企业新药研发创新网络模式的构建》,《安徽广播电视大学学报》2012 年第 3 期。

蒋毅、毕开顺:《国际新药创新体系比较及对中国的启示》,《科学学与科学技术管理》2010 年第 12 期。

解学梅、徐茂元:《协同创新机制、协同创新氛围与创新绩效——以协同网络为中介变量》,《科研管理》2014 年第 12 期。

解学梅、左蕾蕾、刘丝雨:《企业协同创新模式对协同创新效应的影响——协同机制和协同环境的双调节效应模型》,《科学学与科学技术管理》2014 年第 5 期。

解学梅:《企业协同创新网络与创新绩效的实证研究》,《管理科学学报》2010 年第 8 期。

解学梅:《协同创新效应运行机理研究:一个都市圈视角》,《科学学研究》2013 年第 12 期。

李春播:《民营企业创新路径选择》,《合作经济与科技》2014 年第 7 期。

李春辉、李野:《我国民营医药企业发展现状分析》,《中国药房》2004 年第 7 期。

李春瑜:《中国民营企业技术创新模式实证研究》,《河北经贸大学学报》2007 年第 4 期。

李江天、夏海力、乐岭:《论企业文化对民营企业创新的推动作用》,《科技进步与对策》2000 年第 4 期。

李婧：《企业家团队所有权与企业创新绩效——国有企业与民营企业的比较研究》，《云南社会科学》2014 年第 3 期。

梁小娟、徐怀伏：《我国医药制造业技术创新影响因素的灰色关联度分析》，《上海医药》2014 年第 5 期。

梁永郭、孙婉琳：《我国民营企业的创新发展策略》，《开封教育学院学报》2014 年第 9 期。

刘胜地：《试论我国民营企业的创新问题》，《湖北经济学院学报》（人文社会科学版）2006 年第 5 期。

刘顺吉：《当前民营医药企业文化建设中存在的问题及对策》，《通化师范学院学报》2005 年第 3 期。

刘雪梅、胡金波：《构建民营医药企业核心竞争力探析》，《国际医药卫生导报》2006 年第 23 期。

刘源、明慧：《医药研发创新激励的障碍与对策研究》，《现代商贸工业》2014 年第 7 期。

罗亚琼、马爱霞：《医药企业合作创新模式践行策略研究——以 RF 医药集团为例》，《现代商贸工业》2013 年第 6 期。

罗正英、李益娟、常昀：《民营企业的股权结构对 R&D 投资行为的传导效应研究》，《中国软科学》2014 年第 3 期。

吕惠明：《民营企业的特点及管理创新探讨》，《商场现代化》2007 年第 7 期。

吕静、卜庆军、汪少华：《企业协同创新及模型分析》，《科技进步与对策》2011 年第 3 期。

马骥：《民营医药企业可持续发展现状及出路》，《卫生职业教育》2012 年第 1 期。

马伟、王庆金：《协同创新视角下企业可持续发展研究》，《财经问题研究》2014 年第 7 期。

茅宁莹：《医药企业技术创新能力评价方法探析》，《中国药房》
2005 年第 13 期。

孟嘉：《浅析我国医药企业融资现状与对策》，《时代金融》2014
年第 8 期。

牟冲、姜彦福：《民营医药企业转型期发展战略的案例研究》，
《北方经济》2003 年第 7 期。

倪飞：《企业主导的医药产业技术创新体系的构建》，《南京中医
药大学学报》（社会科学版）2013 年第 7 期。

倪飞：《医药企业自主创新"五力"动力机制分析》，《辽宁医学
院学报》（社会科学版）2014 年第 1 期。

聂丽：《医药公司资本结构与经营绩效关系实证研究》，《中国卫
生事业管理》2014 年第 8 期。

潘佳、刘益、王良：《企业技术创新与企业社会绩效关系实证研
究——基于国有企业和民营企业的分类样本》，《科技进步与对
策》2014 年第 13 期。

彭生高、储流杰：《民营企业科技创新问题与对策研究》，《安庆
科技》2010 年第 1 期。

戚湧、张明、丁刚：《基于博弈理论的协同创新主体资源共享策
略研究》，《中国软科学》2013 年第 1 期。

邱国栋、白景坤：《价值生成分析：一个协同效应的理论框架》，
《中国工业经济》2007 年第 6 期。

曲洪建、拓中：《协同创新模式研究综述与展望》，《工业技术经
济》2013 年第 7 期。

申文智、刘升学、付跃龙：《基于灰色关联法的产业协同发展成

熟度评价分析——以湖南省为例》,《经营管理者》2015 年第 1 期。

沈渭忠:《中国医药企业新药创新模式探析》,《中国医药技术经济与管理》2007 年第 1 期。

宋涛、郭素贞:《中国医药企业创新能力分析》,《技术经济与管理研究》2009 年第 4 期。

宋涛:《中国医药企业创新不足原因与对策分析》,《现代经济信息》2009 年第 10 期。

孙冰、赵健:《技术创新协同研究综述》,《情报杂志》2011 年第 11 期。

孙寅生:《论社会发展的协同机制》,《求实》2015 年第 1 期。

谭杰、程艳:《新型医药企业提升技术创新能力的对策研究》,《科技管理研究》2006 年第 12 期。

唐丽艳、陈文博、王国红:《企业协同创新网络的构建》,《科技进步与对策》2012 年第 20 期。

唐清泉、巫岑:《基于协同效应的企业内外部 R&D 与创新绩效研究》,《管理科学》2014 年第 5 期。

田悦容:《中国医药企业创新不足原因与对策分析》,《经营管理者》2014 年第 19 期。

屠凤娜、张春河、朱洪瑞:《我国制药企业技术创新》,《河北理工大学学报》(社会科学版)2006 年第 6 期。

王宏:《我国医药企业研发创新模式探讨》,《中国药业》2009 年第 12 期。

王进富、张颖颖、苏世彬、刘江南:《产学研协同创新机制研究——一个理论分析框架》,《科技进步与对策》2013 年第

6 期。

王立军、朱欢乔、叶序友：《浙江民营企业创新文化培育研究》，《学会》2011 年第 4 期。

王淑玲、尹贞红：《民营医药的企业文化》，《医药世界》2004 年第 8 期。

王勇、廖淑雯、吴晓明：《民营医药企业并购战略问题探讨》，《中国药事》2010 年第 12 期。

王勇：《开放创新范式下医药研发组织模式研究》，《中国科技论坛》2014 年第 8 期。

危怀安、聂继凯：《协同创新的内涵及机制研究述评》，《中共贵州省委党校学报》2013 年第 1 期。

魏巍：《民营企业自主创新能力的影响因素——以嘉兴为例》，《嘉兴学院学报》2014 年第 2 期。

吴剑卿：《医药企业成本管理及会计核算创新方法分析》，《企业改革与管理》2014 年第 12 期。

吴捷、曹阳：《我国医药行业价值链研究文献分析》，《现代商贸工业》2014 年第 4 期。

吴楠、姚金枝：《企业资本结构对融资效率影响研究——基于生物医药行业的经验数据》，《财会通讯》2015 年第 2 期。

吴杨、苏竣：《科研团队知识创新系统的复杂特性及其协同机制作用机理研究》，《科学学与科学技术管理》2012 年第 1 期。

吴悦、顾新：《产学研协同创新的知识协同过程研究》，《中国科技论坛》2012 年第 10 期。

谢宗晓、林润辉、李康宏、丘东：《协同对象、协同模式与创新绩效——基于国家工程技术研究中心的实证研究》，《科学学与科学技术管理》2015 年第 1 期。

徐怀伏、司洋：《医药企业关于技术创新的激励问题分析》，《中国医药技术经济与管理》2008 年第 7 期。

徐静：《民营医药企业人力资源管理问题与对策研析》，《通化师范学院学报》2011 年第 1 期。

徐亮志、徐怀伏：《民营医药企业的竞争能力分析》，《时代经贸（下旬刊）》2008 年第 3 期。

许慧萍、王萌、赵靖宇：《民营企业创新能力评价指标体系的构建》，《经济视角（下旬刊)》2013 年第 9 期。

许朋飞：《企业内部协同创新要素分析》，《合作经济与科技》2015 年第 1 期。

严小芳、韩武、张育粹、苏倪玲：《医药企业融资风险分析及应对》，《经济研究导刊》2014 年第 17 期。

杨光、张眺：《民营企业创新风险分担机制个案研究》，《经济纵横》2009 年第 4 期。

杨莉、陈玉文：《论医药产业技术创新中的政府行为》，《中国药业》2013 年第 24 期。

杨希、邱家学：《我国创新药物研发模式发展趋势探讨》，《现代商贸工业》2012 年第 10 期。

杨艳妍：《坚持科技创新助推民营企业二次创业》，《沿海企业与科技》2014 年第 3 期。

杨玉静：《医药企业发展战略研究》，《商业经济》2014 年第 3 期。

姚雪芳、丁锦希、邵蓉、程璨：《中外创新药物研发能力比较分析——基于医药技术创新评价体系的实证研究》，《中国新药杂志》2010 年第 24 期。

叶帆：《民营企业自主创新障碍及其对策》，《科技和产业》2010
年第 2 期。

尤璐、冯国忠：《我国医药企业技术创新 SWOT 分析》，《现代商
贸工业》2014 年第 4 期。

游士兵、惠源、崔娅雯：《高校协同创新中交叉学科发展路径探
索》，《教育研究》2014 年第 4 期。

余华：《企业创新网络中智力资本协同机制研究》，《中南林业科
技大学学报》（社会科学版）2014 年第 5 期。

余力、左美云：《协同管理模式理论框架研究》，《中国人民大学
学报》2006 年第 3 期。

俞大军、李军山、杨明、贺睿博、刘秋旭：《基于新制度经济学
的产学研协同创新理论架构研究》，《科技促进发展》2014 年
第 6 期。

张斌、陈岩：《企业类型、所有权集中度与创新研究》，《中国科
技论坛》2014 年第 8 期。

张翠苹：《我国民营企业员工激励机制创新研究》，《企业管理与
科技（上旬刊）》2015 年第 1 期。

张红芳、吴威：《心理资本、人力资本与社会资本的协同作用》，
《经济管理》2009 年第 7 期。

张力：《产学研协同创新的战略意义和政策走向》，《教育研究》
2011 年第 7 期。

张淑欣：《民营企业自主创新障碍及对策》，《合作经济与科技》
2014 年第 19 期。

张雨蒙：《机构投资者对民营企业技术创新的影响》，《经营管理

者》2014 年第 20 期。

张悦：《提升我国医药企业研发水平的对策分析》，《生物技术世界》2015 年第 2 期。

张兆晖、茅宁莹：《关于评价医药企业技术创新能力的思考》，《中国新药杂志》2006 年第 6 期。

张子龙、薛冰、陈兴鹏、鹿晨昱：《基于哈肯模型的中国能源—经济—环境系统演化机制分析》，《生态经济》2015 年第 1 期。

赵枫：《我国民营企业激励机制的现状与发展前景探析》，《经营管理者》2014 年第 11 期。

甄晓非：《协同创新模式与管理机制研究》，《科学管理研究》2013 年第 1 期。

郑刚、梁欣如：《全面协同：创新致胜之道——技术与非技术要素全面协同机制研究》，《科学学研究》2006 年增刊第 1 期。

郑刚、朱凌、金珺：《全面协同创新：一个五阶段全面协同过程模型——基于海尔集团的案例研究》，《管理工程学报》2008 年第 2 期。

郑季良、郑晨、陈盼：《高耗能产业群循环经济协同发展评价模型及应用研究——基于序参量视角》，《科技进步与对策》2014 年第 11 期。

钟敏：《民营企业实现自主创新价值的路径选择》，《技术与创新管理》2009 年第 4 期。

周庆行、赵文秀：《我国民营企业创新的内部动力机制研究》，《华东经济管理》2008 年第 2 期。

周婷：《对民营企业资本结构与融资策略的探析》，《学术交流》2014 年第 2 期。

朱伯科、邵蓉：《专利战略在我国医药企业技术创新中的运用》，《中国医药技术经济与管理》2007年第8期。

朱皆笑、施海燕、孙国君、单伟光：《国内外医药企业技术创新发展及研究方法综述》，《现代物业（中旬刊）》2010年第8期。

二 学位论文

白列湖：《管理协同机制研究》，硕士学位论文，武汉科技大学，2005年。

陈力田：《企业技术创新能力演进规律研究》，博士学位论文，浙江大学，2012年。

邓冬梅：《我国医药企业社会责任与企业绩效关系探析》，硕士学位论文，暨南大学，2005年。

刁天喜：《我国制药企业技术创新战略选择问题探讨》，博士学位论文，中国人民解放军军事医学科学院，2007年。

董波波：《我国高校协同创新模式及运行机制研究》，硕士学位论文，安徽大学，2014年。

盖玉妍：《民营企业创新机制研究》，硕士学位论文，哈尔滨理工大学，2003年。

高曼：《四川民营制药企业核心竞争力构建分析》，硕士学位论文，电子科技大学，2008年。

龚传洲：《科技创新的投融资支持研究》，博士学位论文，南京大学，2012年。

关伟：《企业技术创新研究》，博士学位论文，东北财经大学，2006年。

郭贤欣：《民营企业组织创新气氛研究》，硕士学位论文，山东大学，2007 年。

贺彩霞：《我国民营企业人力资源开发现状与对策研究》，硕士学位论文，中南大学，2006 年。

胡育波：《企业管理协同效应实现过程的研究》，硕士学位论文，武汉科技大学，2007 年。

黄虎：《医药企业文化建设研究》，硕士学位论文，山东中医药大学，2013 年。

蒋天颖：《民营企业文化构成及其与管理绩效关系的实证研究》，硕士学位论文，浙江工业大学，2005 年。

蒋毅：《中国制药企业新药创制战略研究》，博士学位论文，沈阳药科大学，2011 年。

李彬：《管理系统的协同机理及方法研究》，硕士学位论文，天津大学，2008 年。

李飞：《创业导向的产学协同创新机理研究》，博士学位论文，浙江大学，2014 年。

李力：《新兴产业技术标准联盟协同创新机制研究》，博士学位论文，哈尔滨理工大学，2014 年。

李燕：《中国民营企业的创新与人力资本研究》，博士学位论文，西南财经大学，2007 年。

李志：《企业家创造性与创新行为和企业绩效关系的研究》，博士学位论文，西南大学，2008 年。

李中秋：《我国医药企业研发模式改革研究》，硕士学位论文，东北师范大学，2012 年。

梁益琳：《创新型企业成长、融资约束与信贷策略研究》，博士学位论文，山东大学，2012 年。

刘素坤：《中国制药产业技术创新激励效应研究》，博士学位论文，东北财经大学，2013 年。

刘消寒：《企业文化、企业创新动力与创新能力的关系研究》，博士学位论文，吉林大学，2011 年。

刘志华：《区域科技协同创新绩效的评价及提升途径研究》，博士学位论文，湖南大学，2014 年。

吕晨：《知识管理视角下的产学研协同创新模式研究》，武汉纺织大学，2014 年。

马建新：《民营科技企业综合创新研究》，博士学位论文，大连理工大学，2003 年。

马威：《高技术产业内协同创新程度研究分析》，硕士学位论文，中国科学技术大学，2014 年。

马轶群：《并购协同效应研究》，硕士学位论文，内蒙古大学，2014 年。

孟远哲：《民营企业内部营销与企业文化创新的探讨》，硕士学位论文，武汉大学，2005 年。

倪钢：《我国民营企业文化创新问题研究》，硕士学位论文，河南大学，2006 年。

邱建华：《企业技术协同创新的运行机制及绩效研究》，博士学位论文，中南大学，2013 年。

宋苗苗：《我国医药企业社会责任法律制度研究》，硕士学位论文，新疆财经大学，2013 年。

孙青春：《企业可持续创新的实现机理研究》，博士学位论文，昆明理工大学，2008 年。

汤石雨：《企业创新动态效率的演化机理及测度研究》，博士学位论文，吉林大学，2008 年。

陶静媛：《企业内部要素协同影响创新绩效的理论与实证研究》，硕士学位论文，苏州大学，2014 年。

田培杰：《协同治理：理论研究框架与分析模型》，博士学位论文，上海交通大学，2013 年。

佟石：《基于价值网络的我国医药企业创新集成管理研究》，博士学位论文，复旦大学，2004 年。

汪蕾：《浙江民营企业技术进步途径及相关因素研究》，博士学位论文，浙江大学，2006 年。

汪良兵：《区域创新网络结构与协同演化研究》，博士学位论文，中国科学技术大学，2014 年。

王东梅：《医药企业竞争力评价研究》，博士学位论文，华中科技大学，2011 年。

王丽芳：《公司治理对企业技术创新的作用机理及实证研究》，博士学位论文，东华大学，2014 年。

谢芳：《企业集团内部协同创新机理研究》，硕士学位论文，浙江大学，2006 年。

谢夫海：《住宅产业化协同创新影响因子与机制研究》，博士学位论文，中国矿业大学（北京），2014 年。

徐勇：《中国民营企业创新战略研究》，硕士学位论文，苏州大学，2008 年。

杨俊祥：《基于知识管理的民营科技企业技术创新能力研究》，博士学位论文，天津大学，2012 年。

雍兰利：《基于创新路径的我国制药企业自主创新实现机制研

究》，博士学位论文，天津大学，2007年。

余昆：《苏南区域协同创新研究》，硕士学位论文，江南大学，2014年。

袁勇志：《企业家创新行为与障碍研究》，博士学位论文，南京农业大学，2002年。

张建生：《我国中小型医药企业持续发展战略研究》，硕士学位论文，中国海洋大学，2008年。

张平：《XH民营医药企业研发绩效管理体系研究》，硕士学位论文，北京交通大学，2011年。

张琼妮：《网络环境下区域协同创新平台模式与机制及政策研究》，博士学位论文，浙江工商大学，2014年。

张素平：《企业家社会资本影响企业创新能力的内在机制研究》，博士学位论文，浙江大学，2014年。

张琰飞：《新兴技术研发主体间协同创新效应实现机制研究》，博士学位论文，中南大学，2014年。

祝建军：《我国民营企业融资效率评价及制度创新研究》，硕士学位论文，西南交通大学，2005年。

邹鲜红：《我国医药制造业技术创新效率及其影响因素研究》，博士学位论文，中南大学，2010年。

## 三　电子文献

《行业前瞻：医药业"涨"仅仅因为"非典"?》，2003年4月24日，上海证券报网络版（http：//finance. sina. com. cn）。

## 四　外文文献

Beum-Nyun Kim, Nam S. Lee, Jong-Hyun Wi, Jong-Keon Lee,

"The Effects of Slack Resources on Firm Performance and Innovation in the Korean Pharmaceutical Industry", *Asian Journal of Technology Innovation*, Vol. 25, No. 3, August 2017.

Carlsson B., "Innovation Systems: Analytical and Methodological Issues", *Research Policy*, Vol. 312, No. 2, February 2002.

James A., "Enterprise Innovation Strategy", *Competitive Innovation Management*, Vol. 22, No. 2, June 2005.

Jung Jae Hoon, Cho Duk Young, Choi Suhe yong, "Study on Medicine Related Policies for Management Strategies and Performances of the Pharmaceutical Industry", *The Korean Journal of Health Service Management*, Vol. 31, No. 9, September 2015.

Kisoon Shin, Daeho Lee, Kwangsoo Shin, Eungdo Kim, "Measuring the Efficiency of U. S. Pharmaceutical Companies Based on Open Innovation Types", *Journal of Open Innovation: Technology Market and Complexity*, Vol. 32, No. 3, June 2018.

William Lazonick, "Financialized Corporations in a National Innovation System: the U. S. Pharmaceutical Industry", *International Journal of Political Economy*, Vol. 47, No. 3, June 2018.

# 后　记

经过三年的努力，我最终完成了这部专著。从调查研究到写作的完成，每走一步对我来说都是新的尝试与挑战，也是我在近期独立完成的最大的项目。在这段时间里，我学到了很多知识，也有很多收获和感触，独立地学习和调查，让头脑中模糊的框架系统逐渐清晰，使自己稚嫩的作品一步步完善起来。在此之中，每一次改善都是我的收获，每一次进步都会让我无比欣慰。

专著的完成，凝聚了非常多的心血，在此我要诚挚地感谢给予我帮助和支持的所有人。在写作过程中我参阅了大量有价值的文献资料，在此向这些专家、学者表示感谢！他们在这一领域中所做的大量前期工作和研究结晶给予我许多启发，增加了我的学识、开拓了我的思路；其次，我要感谢家人和朋友对我的支持、关心与鼓励，正是有了他们的支持与照顾，我才能安心地研究与学习，顺利完成著作；再次，感谢相关企业在文章实证研究工作方面给予的大力支持与配合；最后，特别感谢梁金浩博士后、段开燕老师对文章的梳理，我们多次就作品中的许多核心问题做深入细致的探讨，梁金浩博士后、燕然女士给我提出切实可行的指导性建议，他们一丝不苟的负责精神，使我深受感动。

这次专著撰写经历让我终身受益，是真正的学习与研究的过程，没有学习就不可能有研究的潜力，没有研究就不会有突破。我将在今后的科研、学习中加倍努力，以期取得更多成绩。再次对大家表示深深的感谢！

刘　阳

二〇二一年五月二十日